ARCHITECTURE MILITAIRE BOURGUIGNONNE

RESTAURATION

DU

CHÂTEAU DE DIJON

PAR

M. CHARLES SUISSE

ARCHITECTE

PARIS

V^E A. MOREL ET CIE ÉDITEURS

13, RUE BONAPARTE, 13

1876

Édition revue
Copyright © 2017 Nielrow Éditions
All rights reserved.
ISBN : 978-2-9559619-1-9

AVANT-PROPOS

AVANT-PROPOS

Charles Suisse restaure dans les pages qui suivent le Château de Dijon, voulu par Louis XI au lendemain de la mort de Charles le Téméraire. Restauration virtuelle, car sur le terrain il ne s'est évidemment rien passé, sachant que ledit château avait commencé à subir les coups des démolisseurs cinq ou six ans avant la parution du livre, malmené par la volonté cette fois de la municipalité et de Dijonnais, voire des Dijonnais tout court.

Il faut dire que la forteresse avait été construite d'abord pour surveiller et éventuellement contenir les habitants de la ville peu amènes envers le Roy, d'autant moins que la défaite des Bourguignons était plus que fraîche, et que Louis XI s'était montré un peu trop pressé de la bâtir. Le château n'entra donc jamais vraiment dans le coeur de la population. Quant à défendre la ville contre l'ennemi, il n'a jamais donné lieu à émerveillements particulièrement glorifiants : le siège par les Suisses se solda par une entente en espèces sonnantes et trébuchantes même si les promesses faites aux Suisses ne furent pas tenues, et les tribulations afférentes aux guerres de religion et celles afférentes à la Fronde n'ont apportées que déceptions et bombardement sur la ville par ledit château.

Les Dijonnais donc ne pouvaient pas voir en cette forteresse autre chose qu'une source d'ennuis.

Dans les années 1870-1871 certains s'arrogèrent le droit de démolir, de transformer, de combler, en dépit du fait que le château appartînt au département. Il est vrai qu'il avait perdu de sa superbe, les abandons, les transformations et réfections des années antérieures lui ayant été préjudiciables.

Charles Suisse tenta de venir à son secours, en grande partie par ce livre-même, et parvint à le faire inscrire sur la liste officielle des monuments à protéger. Mais les démolisseurs ne rendirent pas les armes pour autant. Dans les années 1880 et suivantes, des enragés repartirent sur leur idée fixe de destruction et donnèrent dans les comparaisons hasardeuses fréquentes en politique : à savoir : le château était une Bastille qu'il fallait absolument liquider. Ils eurent gain de cause par un arrêté de déclassement en 1887, obtenu par les arguties de la municipalité, elle-même poussée par ces factions anti-château. Le sort de la forteresse était scellé.

En 1891 les choses prennent mauvaise tournure. Les travaux de démolition durent jusqu'en 1897. Quand on sait que démolir un château revient aussi cher que de le restaurer, on s'aperçoit aujourd'hui de la gabegie engendrée alors et supportée par le citoyen.

Il ne reste donc plus rien du Château de Dijon, précisons, quasiment rien, en tout cas qui puisse témoigner sérieusement de l'art et de l'architecture, auprès des spécialistes comme des touristes, lesquels ignorent en général, comme d'ailleurs la plupart des Dijonnais, que la ville fut tenue jadis par une forteresse architecturalement unique.

Charles Suisse aura cependant réussi à sauver la forteresse sur le papier et pour la postérité avec *La Restauration du Château de Dijon*.

Nielrow (2017)

RESTAURATION

DU

CHÂTEAU DE DIJON

PAR

M. CHARLES SUISSE

ARCHITECTE

TABLE

I. HISTOIRE	11
Première période. — Depuis sa fondation jusqu'à la Fronde	12
Deuxième période. — De la Fronde au premier Empire	21
Troisième période. — Depuis le premier Empire jusqu'à l'année 1870	24
II. DES FORTIFICATIONS DE DIJON ET DE SON RÔLE	25
III. LE CHÂTEAU. — *État actuel*	29
IV. LE CHÂTEAU. — *Restauration, ensemble*	31
V. CONSTRUCTION	57
VI. PIÈCES JUSTIFICATIVES ET NOTES	63
VII. PLANCHES	79

RESTAURATION
DU CHÂTEAU DE DIJON

I
HISTOIRE

L'histoire du château de Dijon peut se diviser en trois périodes :

Jusqu'à la Fronde, c'est une forteresse puissante élevée beaucoup plus pour contenir les Dijonnais que pour les défendre ; elle a été construite dans ce but, et les annales de la province prouvent le rôle important que cette place a joué dans les émeutes et les guerres civiles ; tenant tantôt pour le Roi, tantôt pour la ligue, elle a toujours été hostile aux habitants, et l'ennemie de la mairie. Pourtant la ville a beau adresser des requêtes pour la détruire[1], les élus et le parlement ont beau solliciter sa démolition, le château reste debout.

A partir de la Fronde, les perfectionnements apportés à l'artillerie à feu, puis la conquête de la Franche-Comté le font délaisser au point de vue de la défense ; le château devient caserne et prison d'État à l'occasion.

Enfin le premier empire transforme la prison d'État en gendarmerie.

PREMIÈRE PÉRIODE

DEPUIS SA FONDATION JUSQU'À LA FRONDE

DE 1477 À 1483. — LOUIS XI.

Après la mort de Charles le Téméraire et l'annexion de la comté et du duché de Bourgogne à la couronne de France, Louis XI redoutant l'affection des Bourguignons pour la princesse Marie, crut bon d'appuyer les armées royales par une série de forteresses qui pussent servir d'asile à ses troupes en cas d'échec et maintenir en tout temps les habitants des villes annexées sous son obéissance, aussi ordonna-t-il de suite la construction des châteaux de Beaune, Dijon et Auxonne.

Le premier document relatif au château de Dijon, se trouve aux archives et est contenu dans le registre des délibérations de la mairie[2], le voici : 1477. Étienne Berbisey mayeur.

« Le 5 juin 1477, comme le gouverneur de Bourgogne a dit au maire qu'il avait reçu lettres du Roy qui vouloit que l'on fît faire à ses frais, à toute diligence, ung fort ou chasteau emprès la porte Guillaume de Dijon, apres que la matière a esté bien longuement discutée. Décidons : qu'attendu que la ville est au Roy nostre sire et en son obéissance, que son vouloir et plaisir soit faite tant de faire édifier le dit chasteau comme d'autres fortifications pour la seureté et deffense de la ville. »

La position de la forteresse indique parfaitement la volonté royale : « se défendre contre les habitants autant que les protéger. » Se composant d'un vaste trapèze, flanqué d'une énorme tour à chacun de ses angles, elle est à cheval sur les anciennes fortifications de la ville qu'elle déborde au nord et au sud. Un petit boulevard contenant trois étages de batteries vient faire saillie sur la courtine garnie elle-même de bouches à feu à quatre hauteurs différentes ; la porterie, débouchant sur Dijon, plus grande que celle du côté de la campagne, est défendue par du canon, tandis qu'une guette permet de surveiller tout ce qui se passe dans la ville.

RESTAURATION DU CHÂTEAU DE DIJON

Les travaux commencent de suite après la délibération de la mairie, toutefois ils ne sont pas conduits avec une très grande activité malgré les sommes immenses qui lui sont destinées. Au commencement le Roi ne fait contribuer le duché que pour peu de choses ; mais, dès la fin de l'année 1478, Louis XI ordonne de prendre sur chaque feu des bailliages, comtés et châtellenies du duché pendant un an, un manœuvre par mois, ou les deniers que pourrait représenter ce manœuvre, pour les appliquer à mettre debout le « fort et puissant chasteau[3]. » A sa mort, 1483, l'édifice n'était cependant pas très avancé.

A partir de 1491 les « comptes de Jehan Saumaire commis au paiement des édifices des chasteaux de Dijon, Beaune et Auxonne » permettent de suivre jusqu'en 1495. Ces comptes ne font d'ailleurs que confirmer l'ordre chronologique que donne encore aujourd'hui l'aspect des bâtiments.

Louis XI tenait si bien à terminer d'abord les fortifications placées du côté de la ville, qu'il conserva provisoirement comme enceinte extérieure du château au nord l'ancien rempart de la ville et un vieux boulevard de pierre élevé en cet endroit, jusqu'à ce que les tours et les courtines antérieures fussent avancées[4].

Aussi l'ingénieur commença-t-il par bâtir les deux tours du côté de Dijon (Saint-Bénigne et Notre-Dame), les courtines qui les relient, puis la porterie et le boulevard qui la défend. En effet, en 1492 ces ouvrages sont déjà terminés (la porterie de la ville habitée par le capitaine commandant la place)[5], et même garnis d'artillerie, puisque l'inventaire de l'artillerie du château de Dijon, dressé en 1482 par les commissaires de la chambre des comptes, mentionne entre autres engins : la bombarde de Niort, les deux frères de Langres, un serpentin, un canon pierrier, deux grosses couleuvrines de fonte, trois de fer, quatre faucons de fer, etc. et pourtant en 1491, c'est-à-dire neuf ans plus tard, l'on n'en est qu'aux fondations de la tour Saint-Martin. Nous voyons d'ailleurs dans les comptes de Jean Saumaire, que pendant les années 1491-1492, on fait les fouilles de la courtine du côté de la campagne[6], et l'on fonde la deuxième tour près de la porterie nord (tour Saint-Martin). En 1493, on continue la maçonnerie de cette tour[7], et l'on bâtit les deux logements pour la garnison[8]. En 1495, on commence la fondation du grand boulevard[9], et on démolit le rempart primitif de la ville dès lors enclavé dans la cour intérieure de la forteresse.

Les mémoires qui permettent d'établir ces dates d'une manière certaine contiennent des détails fort intéressants qu'il serait trop long de rapporter ici. Jean Saumaire cite comme maître ès œuvres, un sieur Jehan Morissier, à qui l'on donnait vingt sols par jour et ses frais de voyage pour venir de Moulins ; mais ce maître ès œuvres semble n'être que l'inspecteur et l'exécuteur du projet ; les plans proviennent probablement d'un ingénieur royal, le choix des moyens seul lui est laissé (*Voir le chapitre Construction*).

Malheureusement ces comptes s'arrêtent à l'année 1496. Ils permettent toutefois d'établir qu'à cette époque, les deux tours du côté de la ville sont complètement achevées, les tours Guillaume et Saint-Martin très avancées ainsi que les courtines. Les porteries sont faites et munies de leurs ponts-levis et pont dormant ; enfin la maçonnerie en fondation du boulevard de la campagne est presque achevée.

A partir de 1496, les travaux se ralentissent progressivement jusqu'à la mort de Charles VIII. Est-ce la perte de Naples, les dépenses nécessitées par la campagne d'Italie qui en sont la cause ? C'est probable.

1498-1515. — LOUIS XII.

Dès les commencements du règne de Louis XII, les travaux reprirent. Le château proprement dit fut achevé et la maçonnerie du grand boulevard continuée ; toutefois, à partir du second voyage du Roi en Bourgogne (avril 1501), le chantier est abandonné, et n'est ouvert de nouveau qu'au printemps de l'année 1510, époque à laquelle Louis XII, de passage à Dijon, insiste vivement sur le prompt achèvement de la forteresse.

C'est de cette époque que date la jolie porterie de secours improprement appelée pavillon du Maine. A défaut de documents, il serait facile de reconnaître la date de cette partie du monument à la forme des embrasures faites pour des bouches à feu de gros calibre, au porc-épic couronné qui surmonte chaque meurtrière ; enfin aux armes royales placées au-dessus de la grande porte. Toute cette partie de l'édifice couverte de bossages, d'entrelacs, d'animaux emblématiques et de couronnes est traitée avec une grande richesse de détails et se ressent de l'influence italienne.

Les constructions furent entièrement terminées en 1512. Il est probable cependant qu'on négligea l'armement des parties nouvellement construites ; car lors du siège de Dijon par les Suisses et les Francs-Comtois (1513), le château ne joua pas le rôle important que lui donnait sa position formidable pour l'époque. On n'en parle dans aucun des récits du siège ; les efforts des assiégeants se portèrent d'ailleurs principalement sur les remparts situés du côté de la porte d'Ouche et de Champ-Maillot.

1515-1593. — DE LOUIS XII A LA LIGUE.

Sous les règnes de François 1er et de Henri II, la forteresse ne semble pas avoir été fort bien entretenue, car on trouve de nombreuses réparations ordonnées sous François II. Ces ordonnances contenues dans les procès-verbaux de chevauchée des trésoriers de France, donnent même des détails sur le mode de couverture des différents bâtiments.

En 1559 on répare les couvertures des chemins de ronde, on découvre complètement la tour Saint-Martin pour relever le comble qui est faussé[10], on remet des tuiles plates sur le corps de garde de la porterie de la ville, des ardoises sur le toit et le clocher de la chapelle ; enfin on replace des tuiles sur les tours Guillaume et Notre-Dame[11].

En 1566, on couvre les courtines du boulevard contre Talant (boulevard de Louis XII) pour mettre à l'abri l'artillerie de la ville de Dijon, que le sire de Tavannes a fait amener et remiser au château pendant les troubles : le gouverneur recommande la plus grande hâte parce que les affûts pourrissent[12]. Ces troubles avaient été occasionnés par les huguenots qui s'assemblaient toutes les nuits en armes dans la rue des Forges et allèrent jusqu'à menacer le comte de Tavannes, lieutenant du Roi en Bourgogne, de le pendre aux fenêtres de son hôtel. Celui-ci fit renforcer secrètement la garnison du château, et, passant en revue les habitants, s'empara des plus mutins comme otages. La tranquillité fut rétablie.

1593. — SIÈGE DU CHÂTEAU SOUS LA LIGUE.

Sous la Ligue (1593), le château, commandé par le vicomte de Tavannes, tenait pour le duc de Mayenne et refusa de se rendre même après l'abjuration du Roi (1595). Les habitants, pris entre les feux du château et ceux des batteries du duc de Biron, passaient leur temps à négocier tantôt avec l'un, tantôt avec l'autre et étaient les premières victimes des troupes qui devaient les défendre.

Le 7 avril, un boulet tiré de la tour Guillaume, pénétra dans le clocher de l'église Saint-Bénigne et y cassa la cloche la *Benoîte* ; deux autres cloches furent aussi brisées par le canon du château dans l'église Notre-Dame ; enfin un boulet frappa la balustrade de la salle des Gardes du vieux palais des ducs de Bourgogne.

Il se trouvait parmi les ligueurs un certain capitaine Ratelier et un sieur Francesco, qui faisaient des sorties meurtrières à la tête de la garnison du château. Les soldats s'emparaient de temps en temps des maisons situées du côté de la porte Guillaume, emmenaient prisonniers des magistrats, des notables, et mettaient à sac tout le quartier jusqu'à la place Saint-Jean ; de leur côté, les armées royales campées à Champ-Maillot pillaient et rançonnaient le faubourg d'Ouche. Enfin le 27 mai 1595, le mayeur et les commissaires traitèrent avec le duc de Biron pour le Roi ; mais le vicomte de Tavannes refusa de rendre les otages et répondit par une nouvelle sortie et en faisant de nouveau gronder le canon sur la ville[13]. Henri IV fit venir de l'artillerie de Langres, et, disposant ses batteries depuis la tour Saint-Nicolas jusqu'à la tour La Trémoille, en fit battre la forteresse.

Le 30 juin 1595, à dix heures du matin, le sieur Francesco, capitaine commandant le château, vida la place avec armes et bagages, suivant la capitulation faite avec le Roi ; le duc de Biron y entra, et le soir on chanta un Te Deum[14]. Talant fut rasé, Dijon conservé.

Il paraît toutefois que le feu des batteries royales avait fort endommagé la forteresse, car le 4 juin 1595, le sieur de Sarcourt, gouverneur, capitaine du château du Roi, fait publier[15] « qu'il y a de grandes brèches aux murs de la ville, particulièrement à la porte Guillaume près le château, que l'on y pourroit entrer douze de front, que le duc de Mayenne a plus de 2.000 hommes outre les gens de guerre de garnison qu'il avait à sa disposition ; que si l'on ne garde la ville mieux qu'on ne fait, par les avis qui pourroient lui être donnés par ses affectionnés, il pourroit entreprendre sur la ville et s'en emparer ; que le château, en désastre comme il est, ne lui pourroit nuire ni servir à la ville... » On rempara de suite la brèche.

Le duc de Biron, gouverneur en 1601, fit continuer les réparations et approvisionner la place de vivres, lits, armes et engins de guerre ; les tours Notre-Dame, du Sel (Saint-Bénigne), Guillaume, l'Amiral et Saint-Martin qui avaient été découvertes par les éclats occasionnés par les boulets tirés des remparts, furent entièrement rétablies, la chapelle pavée, et de nouveau couverte d'ardoises.

PREMIÈRE TRANSFORMATION DE LA FORTERESSE. — 1620.

En 1617, le château est palissadé, principalement du côté de la ville. C'est en 1620 que la forteresse subit sa première transformation importante ; les toits des tours, qui nécessitaient de continuelles réparations, sont enlevés, celles-ci rasées d'un étage et percées au sommet d'une large ouverture pour monter du canon. Une plate-forme destinée à recevoir une batterie blindée vient remplacer le toit conique et le parapet crénelé avec mâchicoulis.

RÉVOLTE DU LANTURLU. — 1630

Le 28 février 1630, les vignerons provoquèrent une émeute considérable à l'occasion de l'édit des élections ; ils parcoururent les rues en traînant dans la boue une image du Roi et chantant Lanturlu. Le marquis de Mirebeau, commandant, fit tirer sur les révoltés et les chassa de la ville. Dijon fut désarmé par ordre du Roi Louis XIII et ses pièces d'artillerie remises au château, à l'exception de quatre couleuvrines bâtardes.

SIÈGE SOUS LA FRONDE. — 1651.

Le château était donc en très bon état de défense lorsque éclata la Fronde. A la nouvelle de l'arrestation des princes, de Aussière et Comeau, qui commandaient le château par semestre et tenaient pour le prince de Condé, se mirent à faire de grands approvisionnements pour tenir en bride Dijon, levèrent des soldats et firent passer sur les tours Saint-Bénigne et Notre-Dame, qui commandaient la ville, les canons alors braqués sur la campagne : les habitants s'émurent et firent des retranchements. Toutefois il en furent quittes pour la peur, tant que dura la captivité des princes. La division régnait tellement entre les deux commandants, que Comeau refusa de recevoir les troupes de renfort que lui envoyait l'abbé de Bèze ; aussi le comte de Tavannes n'osa-t-il venir assiéger Dijon, même après sa victoire de Beire-le-Chatel. Le duc de Vendôme, en venant prendre possession du gouvernement au nom du Roi, réconcilia pour quelque temps les deux partis. Mais, lorsque après son élargissement le prince de Condé rentra triomphant dans Paris, il usa de l'influence qu'il avait conservée en Bourgogne pour exciter les mécontents contre la cour ; sitôt rétabli dans son gouvernement, il tripla les garnisons dans les places qui lui furent remises et envoya pour commander le château de Dijon un sieur Arnault, maître de camp des carabins de France, qui lui était complètement dévoué. Celui-ci fit percer des embrasures du côté de la ville, fondre des canons et mit toute la forteresse en état de défense. Le parlement s'émut et protesta, mais en vain. Sur ces entrefaites, Arnault mourut (14 octobre 1651) et laissa comme successeur un nommé La Planchette. La Planchette refusa de remettre la place entre les mains du duc d'Épernon (qui avait échangé avec le prince de Condé le gouvernement de Guyenne contre celui de Bourgogne), fit lever les ponts-levis et se contenta d'envoyer chaque soir prendre le mot d'ordre du gouverneur, par pure courtoisie. Le duc d'Épernon essaya d'abord de négocier, mais, voyant le peu de succès de ses tentatives, retint prisonnier le major du château au moment où il venait prendre le mot d'ordre. Cet acte fut le commencement des hostilités : le 13 novembre 1651, les soldats tirèrent sur les habitants et La Planchette envoya quatre volées de canon sur la ville. Ce fut une vraie panique ; on se retrancha à la hâte avec des cuves, des tonneaux, on courut aux remparts, on établit des postes au coin des rues et l'on s'apprêta à commencer le siège du château. Le duc d'Épernon avait fort peu de troupes et encore moins d'artillerie ; aussi tous les habitants, de quelque qualité et condition qu'ils fussent, eurent-ils l'ordre de prendre les armes et de veiller aux remparts jusqu'à l'arrivée des troupes royales qui devaient les secourir. La Planchette, voyant le peu de succès de son artillerie qui ne faisait qu'effondrer des toits et n'abattait que des cheminées, jeta des bombes et des grenades sur la ville. Ces bombes causèrent d'abord une grande épouvante; les guetteurs placés dans les clochers afin d'avertir de leur direction ne faisaient que crier, et les habitants n'osaient sortir. On fit défense de sonner les cloches pour laisser la facilité d'entendre les bombes et d'en prévenir les effets ; les femmes et les enfants se réfugièrent dans les églises. L'effet de toutes ces canonnades fut pourtant peu meurtrier : il y eu quelques maisons renversées, une femme fut tuée au bas du bourg, un enfant blessé. Une grande partie de la noblesse de la province accourut ; le régiment que commandait Rangueil vint se loger dans la ville, le marquis d'Uxelles amena quelques troupes, le duc d'Épernon fit venir des bombes et deux mortiers qu'on acheta au comte de Bourgogne, et enfin le régiment de Navarre arriva quinze jours après. Dès lors on ouvrit la tranchée, on construisit des galeries pour traverser à couvert jusqu'au pied de la tour Notre-Dame ; le régiment de Navarre, appuyé par une batterie et commandé par le marquis d'Uxelles, lieutenant du Roi, prit position du côté de la campagne ; Rangueil s'établit du côté de la ville et sur les remparts. Les deux mortiers lançaient incessamment des bombes, tandis que de la tour Saint-Nicolas, d'où l'on découvre l'intérieur du château, l'on tirait avec des couleuvrines. Malgré cela les assiégés faisaient des sorties et harcelaient les bourgeois ; aussi le duc d'Épernon, après trois semaines de siège et deux attaques infructueuses, l'une contre la tour Guillaume, l'autre contre la tour Notre-Dame, prit-il la résolution de faire jouer la mine et de donner l'assaut.

Après un travail de quatre jours, la mine joua le 8 décembre sous la tour Notre-Dame ; la brèche n'était pas suffisante pour commander l'assaut ; mais les assiégés, horriblement fatigués, ne pouvant suffire à leurs gardes, vu leur peu de monde, et se défiant sans cesse les uns des autres, demandèrent à capituler. Les conditions furent qu'on leur donnerait escorte et lieu de sûreté et qu'ils sortiraient bagues sauves. Le soir même 200 soldats du régiment de Navarre entrèrent en garde dans le château. La garnison, commandée par La Planchette, n'était que de quarante hommes, mais qui se conduisirent vaillamment et infligèrent des pertes sérieuses aux troupes royales ; les assiégeants eurent 51 hommes tués et 50 blessés.

LE PARLEMENT DEMANDE LA DÉMOLITION DU CHÂTEAU.

Après la prise du château, les partisans du prince de Condé essayèrent de soulever le peuple, lui persuadant d'aller en foule brûler les fascines que le duc d'Épernon avait fait mettre pour couvrir la brèche de la tour Notre-Dame, de se rendre maître de la place et de la démolir. Comme le projet échoua grâce à l'énergie du gouverneur, le parlement, composé en majorité de partisans des princes, résolut de députer au Roi pour obtenir la démolition. Tous les autres corps firent de même et envoyèrent des représentants à Poitiers où se trouvait la cour. « Mais ils furent si mal reçus en toutes leurs audiances du Roy, de la Reyne et des ministres, dit Millotet[16], qu'ils retournèrent promptement. »

C'est ici que semble s'arrêter le rôle militaire de la forteresse.

La conquête de la Franche-Comté lui fait d'ailleurs perdre de son importance ; ce n'est plus une place frontière, aussi se contente-t-on d'y faire les réparations urgentes et les aménagements nécessités par de nouvelles destinations.

DEUXIÈME PÉRIODE
DE LA FRONDE AU PREMIER EMPIRE

———

Le château de Dijon, classé désormais comme place de second ordre, devient, comme la plupart des forteresses de cette époque, une prison d'État.

ANTOINE DE PRESLE. — 1659.

En 1659, Antoine de Presle, lieutenant de la Gruerie en Bourgogne, y est détenu avec sa femme.

DUCHESSE DU MAINE. — 1718-1720.

La duchesse du Maine y est enfermée pendant deux ans, de 1718 à 1720, tandis que son mari est conduit à la citadelle de Doullens à la suite de la conspiration formée par le cardinal Alberoni et Cellamare pour enlever la régence au duc d'Orléans. Elle habita un appartement situé au fond de la cour, près des logements de la garnison, et non la chambre placée au-dessus de la porte de secours, que l'on a improprement appelée depuis Pavillon du Maine.

DEUXIÈME TRANSFORMATION DE LA FORTERESSE.

En 1720, la cour intérieure subit d'importantes modifications : on crée une caserne pour les invalides, dans une partie des bâtiments affectés antérieurement aux logements de la garnison.

De 1725 à 1743, on restaure la chapelle, on répare une partie des murs du gouvernement qui tombent en ruines. Une chambre pour le capitaine des invalides est construite au-dessus de la deuxième porterie de la campagne. Les casernes sont refaites avec escalier extérieur de pierre de taille pour desservir une partie des chambres[17]. Ces casernes (anciens logements de garnison) étaient alors occupées par une compagnie de soldats invalides, et par une compagnie de mortes-payes dite compagnie franche.

C'est à partir de ce moment surtout, que le château perd de son unité. L'entretien des bâtiments, laissé aux soins d'administrations différentes suivant les services qu'ils contenaient, est de plus en plus négligé, et fait sans tenir aucun compte des constructions primitives. Le grand plan supplémentaire joint à ce texte est une copie du plan du château dressé par les ingénieurs royaux en 1788. Ce relevé n'est pas très exact, et fut certainement établi d'après des documents de seconde main, mais il peut, tel quel, donner un aperçu des dispositions de la construction sous le règne de Louis XVI.

MIRABEAU. — 1776.

Le 21 mars 1776, Mirabeau, qui s'était sauvé du fort de Joux pour suivre à Dijon la marquise de Monnier, fut enfermé au château sur l'instigation des familles de Ruffey et de Monnier. Il y fut traité avec beaucoup d'égards par M. de Changey, gouverneur, et par Mme de Changey. A la nouvelle de sa translation à la citadelle de Doullens, il chercha à s'évader, et, après une première tentative infructueuse, réussit à s'échapper par la porte de secours (25 mai 1776) et partit pour la Suisse.

LE CHEVALIER D'ÉON. — 1779.

Le chevalier d'Éon, après avoir adressé au comte de Maurepas une lettre assez légère dans laquelle il le suppliait de lui laisser reprendre les habits d'homme et de lui donner du service dans la flotte, reçut en réponse un ordre d'exil à Tonnerre (19 février 1779). Il prétexta une indisposition pour ne pas obéir de suite ; cela lui réussit peu et de nouveaux ordres le firent enfermer au château de Dijon, où il resta depuis le 22 mars au 17 avril 1779, « portant les habits qui lui seyaient on ne peut pas moins, et ayant conservé tous les goûts, les habitudes et les manières d'un capitaine de dragons[18].

En 1793, le château servit de maison de détention ; la plupart de ses hôtes n'en sortirent que pour monter sur l'échafaud ; c'est à cette triste destination que la forteresse de Louis XI dut encore une fois de rester debout.

TOUSSAINT-LOUVERTURE. — LE GÉNÉRAL MACK.

Toussaint-Louverture y fut enfermé à la fin de l'année 1802. — Le dernier prisonnier est le général autrichien Mack[19]. Il entra au château en février 1799 et y resta jusqu'au 18 brumaire.

CHARLES SUISSE

TROISIÈME PÉRIODE
DEPUIS LE PREMIER EMPIRE JUSQU'A L'ANNÉE 1870

Dès l'année 1793, le château, devenu maison nationale, avait une portion de ses bâtiments occupée par deux brigades de gendarmerie. — Une affiche portant la date du 7 avril 1793 (an II de la République), annonce la mise en adjudication des travaux ; enfin un arrêté de l'administration départementale daté du 6 brumaire an IV remet la place pour servir de caserne de gendarmerie.

Le 12 pluviôse an VIII, le voyer de la commune de Dijon propose, pour l'embellissement de la ville, de raser une partie du château de Dijon, de continuer le rempart de la ville tout droit depuis la porte de la Liberté, et de faire une *belle* porte pour donner accès dans le reste du château... et ce projet sauvage a failli être mis à exécution.

En 1812, on démolit le petit pavillon du boulevard de la ville.

La partie des comptes qui concerne cette époque, fort détaillée du reste, présente peu d'intérêt, la caserne de gendarmerie s'installe petit à petit à la place de la forteresse, on démolit à droite, on construit à gauche ; la grande écurie qui occupe toute la longueur de la courtine ouest s'élève, et le colonel commandant la gendarmerie, en défendant les intérêts et les logements de ses gendarmes contre les empiètements de la ville, devient le défenseur du vieux château.

La haine légitime des Bourguignons contre cet édifice bâti par Louis XI pour les tenir sous sa dépendance fut impuissante à le renverser, la Révolution elle-même n'y toucha pas, et ce n'est qu'à l'époque où, ayant perdu tout caractère de domination et d'oppression, le château n'était plus qu'un monument remarquable, un type devenu rare de l'art militaire français au XVe siècle, un exemple curieux d'architecture et un embellissement pour la ville, que l'on jugea à propos de le démolir.

II
DES FORTIFICATIONS DE DIJON ET DU RÔLE QUE JOUAIT LA FORTERESSE DANS L'ENSEMBLE DU SYSTÈME DE DÉFENSE

Situé à l'entrée de la ville, à deux pas de la grande rue, la rue Guillaume, le château est inconnu de la plupart des étrangers. La municipalité ne pouvant le faire disparaître, semble avoir fait tous ses efforts pour le rendre inaccessible et le dissimuler.

Du côté de la ville, des maisons sont bâties sur la contrescarpe et bordent une rue boueuse, les fossés sont en partie comblés ; des hangars, des constructions sans nom et sans forme viennent appuyer contre les murs de la courtine et la tour Saint-Bénigne.

Entre les tours écroulées se dresse la porterie de la ville toute honteuse et mutilée : partout où les décombres et les éboulements ont laissé un peu de terre à découvert, le fond des fossés a été utilisé comme potager par les gendarmes.

Du côté de la campagne, l'aspect est encore plus désolé : près de la place Saint-Bernard, le boulevard de Louis XII, en partie rasé, a fourni des matériaux à des abris, à des cabanes et des masures informes ; des chantiers de bois s'élèvent à l'endroit où se trouvait auparavant la jolie porterie de secours. Du côté de la porte Guillaume, c'est encore pis... les fossés servent de décharges publiques.

Voilà ce qu'est devenu le château. — Voici quelle était sa situation en 1512, un an avant le siège des Suisses, époque à laquelle la construction se trouvait terminée.

Placé à l'ouest nord-ouest, sur le point le plus élevé de la ville, le château la dominait d'autant plus que les rues et les places environnantes étaient beaucoup plus basses qu'elles ne le sont aujourd'hui. Il se reliait aux remparts à l'est par la tour Poinsard Bourgeoise, conservée lors de l'implantation, malgré sa proximité de la courtine de la porte Fermerot.

Le torrent de Suzon, retenu par des barrages, l'entourait complètement et permettait de l'isoler au besoin.

Les fortifications auxquelles se reliait le château dataient du XIIIe siècle. Après les incendies de 1137 et 1227, les Ducs englobèrent dans la même enceinte, le Bourg, Saint-Bénigne et le Faubourg, qui jusqu'alors avaient été séparés de la ville. Cette enceinte fut continuée par Jeanne de Boulogne, mère et tutrice du duc Philippe de Rouvres. Les ducs de la seconde race complétèrent le système des fortifications.

En 1512 Dijon comptait 18 tours sur ses remparts ; en allant à l'ouest à partir du château, la première que l'on rencontrait en suivant les courtines était la tour de Renne. — C'est entre cette tour et le château que se trouvait la porte Guillaume, démolie en 1783 pour faire place à la porte Condé, triste monument de l'ingénieur Maret. Cette porte, appelée de la Liberté sous la Révolution, est redevenue aujourd'hui la Porte Guillaume. — De la porte Guillaume à la porte d'Ouche venaient : les tours Saint-Georges, Charlieu et Saint-Philibert ; de la porte d'Ouche à la porte Saint-Pierre : — les tours Quarrée, Nanxion, fermée en 1513, Fondoire et Saint-André ; A la porte Saint-Pierre : — les tours Saint-Pierre et de la Bussière ;

A la porte Neuve : — les tours Saint-Antoine et de Saint-Michel, la tour Rouge et la tour du Quarteau ;

A la porte Saint-Nicolas : — la tour Bouchefol ou du Fourmerot, murée lors du siège des Suisses ; puis la porte aux Ânes, sous laquelle le torrent de Suzon entrait dans Dijon et qui fut démolie et reconstruite sous le gouvernement par La Trémoille. Enfin la tour Poinsard Bourgeoise[20].

Le château de Dijon commandait donc complètement la ville. Placé dans la direction du château de Talant, sur la route de Paris, il pouvait facilement, en cas d'émeute, rester en communication avec cette forteresse, comme cela eut lieu sous la Ligue. — La porte de Secours, située dans le boulevard de Louis XII et complètement indépendante des portes de la cité, permettait à la garnison du château de conserver des relations avec l'extérieur, de se ravitailler et de recevoir des armes et des soldats sans s'occuper du vicomte Mayeur auquel on remettait les clefs des portes[21]. Millotet s'en plaint dans ses *Mémoires*. En temps de guerre, si la ville était prise, il suffisait à la garnison du château de lever les ponts-levis et de rompre les ponts volants qui communiquaient avec les remparts pour s'isoler et attendre l'arrivée de secours.

A l'époque de sa construction, la place munie de vivres pouvait seule tenir encore longtemps, car elle n'était alors commandée par aucune hauteur voisine, et son armement vraiment formidable forçait l'assiégeant à lui opposer une armée nombreuse et une artillerie considérable.

III
LE CHÂTEAU

ÉTAT ACTUEL

―――

Voici ce qui reste de l'ancien château de Louis XI : deux tours qui s'élèvent à peine au-dessus du niveau du sol (les tours Saint-Bénigne et Saint-Martin) ; la tour Notre-Dame rasée au niveau des chemins de ronde, et la tour Guillaume avec un étage de plus. La courtine ouest (modifiée) est la mieux conservée ; il ne reste que les fondations des autres, sauf du côté de la ville où le revêtement du mur extérieur avec deux embrasures subsiste encore du côté de la tour Saint-Bénigne.

Le boulevard (*f* du plan) a été démoli au niveau du sol (ainsi que le premier corps de garde) ; on a planté des arbres sur la plate-forme ; quant à la porterie nord, c'est la partie la moins ruinée de toute la forteresse. — La demi-lune Louis XII ne présente qu'un amas de décombres ; la batterie souterraine seule est intacte.

Au milieu de toutes ces ruines s'élèvent les bâtiments de la gendarmerie, qui sont venus s'appuyer comme ils ont pu contre les murs quand ils étaient debout et se sont étayés de leur mieux depuis leur démolition. — Des écuries ont été construites sur les fondations de la courtine qui regarde la porte Guillaume, et occupent à peu près toute sa longueur.

Le *gouvernement*, occupé par l'état-major de la gendarmerie, a été remanié à toutes les époques pour créer des bureaux et des appartements ; cette construction est aujourd'hui sans aucun intérêt.

Il ne subsiste rien de la chapelle, rien des dépendances qui l'avoisinaient. Sous Louis XV un bâtiment a été adossé à la porterie de la ville pour y créer un appartement destiné aux prisonniers d'État ; quant aux logements de la garnison, sans cesse remaniés à toutes les époques, ils ont fini par englober la porterie du côté de la campagne et la faire disparaître ; ils servent aujourd'hui de logements aux gendarmes. La courtine qui reliait les tours Guillaume et Saint-Martin est détruite.

IV
LE CHÂTEAU

RESTAURATION — ENSEMBLE

Le château présente une grande simplicité de plan qui pourrait faire croire que sa construction sous Louis XI n'a été qu'une réédification sur les murs d'enceinte d'un château fort primitif. — Il n'en est rien pourtant : il a fallu couper la roche et faire toutes les fouilles et les déblais nécessaires à l'implantation de l'édifice[22]. La courtine primitive n'offrait aucun saillant depuis la tour Poinsard Bourgeoise à la porte Guillaume jusqu'à la fin du XVe siècle. — En 1477 les Allemands seraient entrés dans Dijon, sans des travaux de maçonnerie et de charpente faits à la hâte en avant des murs de la ville, à l'endroit où s'éleva plus tard le château. — C'est de cette époque que date la barbacane ou boulevard que l'ingénieur conserva comme enceinte extérieure du château fort jusqu'à l'achèvement de la courtine nord et des tours Guillaume et Saint-Martin[23].

La forteresse, construite sur une surface plane, entourée de tous côtés par des fossés larges et profonds alimentés par le torrent de Suzon, se compose d'un vaste trapèze flanqué d'une tour cylindrique à chacun de ses angles. Les deux tours Guillaume et Saint-Martin, qui regardent la campagne, sont d'un plus fort diamètre et plus élevées que les deux autres. — Toutes les quatre commandent les chemins de ronde. — Deux boulevards font saillie sur la courtine du côté de la ville et du côté de la campagne ; ce dernier, de dimension considérable, est à lui seul une petite forteresse.

Dans l'intérieur de la cour se trouvent les logements d'habitation de la garnison, les magasins et les constructions nécessaires au service de la place, l'habitation du gouverneur, la chapelle, un magasin pour l'artillerie avec grenier au-dessus, une poudrière, une vaste remise. Deux porteries s'élèvent au-dessus des courtines.

Les tours, cylindriques à l'extérieur, forment un pan coupé à la gorge : elles ont toutes leurs ouvertures sur la cour. Le rez-de-chaussée et les deux étages inférieurs de ces tours contiennent des batteries casematées, les autres étages et les couronnements sont réservés aux arquebusiers et aux arbalétriers. — Les courtines contiennent deux étages souterrains casematés ; le chemin de ronde est couvert, et son parapet muni d'embrasures permettant d'y placer des couleuvrines et des fauconnaux.

Le boulevard de Louis XII, presque aussi élevé que les chemins de ronde, contient une batterie basse destinée à recevoir des pièces de petite dimension.

Au rez-de-chaussée se trouvent les bouches à feu de gros calibre, tandis que l'étage supérieur est défendu par un parapet élevé, avec embrasures couvertes. Enfin la largeur des plates-formes permettait, sans interrompre la circulation, d'établir des banquettes sur lesquelles on pouvait placer des batteries à barbette tirant par dessus les crêtes ; l'écartement des canonnières indique suffisamment cette disposition.

Le boulevard de la ville n'est que la réduction de celui de Louis XII ; il contient une batterie casematée et une batterie à tir rasant. L'étage supérieur seul diffère : moins élevé que les chemins de ronde, il a sa plate-forme défendue par un parapet garni de crénaux. — Ces deux boulevards sont séparés du château proprement dit par des fossés et peuvent s'isoler ; ils ne communiquent avec le corps de place que par des ponts dormants en bois faciles à détruire, et par des ponts-levis. Le château est donc divisé en trois parties complètement indépendantes : La PLACE, le BOULEVARD DE LOUIS XII et le BOULEVARD DE LA VILLE.

BOULEVARD DE LA VILLE.

Pour arriver au château du côté de la ville, il fallait, après avoir gravi une pente assez raide, s'engager sur le pont de pierre qui franchit le fossé, et, pendant ce trajet, présenter le flanc aux batteries de la tour Saint-Bénigne et de la courtine sud, sans compter les deux bouches à feu placées de chaque côté de la porterie, qui pouvaient facilement enfiler le pont.

On se trouvait alors devant le pont-levis du premier corps de garde. — Ce petit bâtiment s'élevait fort peu au-dessus des chemins de ronde de la barbacane, et était complètement dominé par les tours et les courtines de la place. — Une porte et une poterne donnaient accès dans la porterie. — Les tabliers des ponts-levis, en se relevant, venaient fermer chacune de ces ouvertures ; elles étaient en outre munies de vantaux à l'intérieur. — Après avoir passé sous la herse, il fallait traverser diagonalement l'esplanade du boulevard, et franchir encore un pont dormant et un pont-levis avant de se présenter devant la porte du château.

Pour éviter les surprises, le poste du boulevard était au premier et n'avait pas d'escalier particulier ; on y montait par les larges escaliers droits conduisant aux crénelages ; quelques marches élevaient le plancher de cette salle au-dessus du sol du chemin de ronde.

Deux autres escaliers conduisaient à l'étage souterrain ; les emmarchements étaient assez doux pour permettre d'y descendre du canon. — Comme la disposition de cette batterie est analogue à celle du boulevard de Louis XII, il est inutile de s'étendre davantage sur sa description. — Une petite vis était pratiquée dans l'épaisseur du mur et conduisait à un petit couloir débouchant sur une galerie traversant le fossé.

Ce passage, caché en partie sous les eaux, franchissait la cunette sur une série d'arcatures et reliait le château à un souterrain partant du talus de contrescarpe et conduisant à la ville, sans doute au palais ducal[24]. La batterie casematée du boulevard communiquait avec le premier étage souterrain des courtines de la place par un pont dormant.

LA PLACE.

De même que les autres portes, la deuxième porterie de la ville possède, outre l'issue destinée aux chariots, une poterne latérale pour les piétons. Chacune de ces ouvertures a son pont-levis particulier auquel vient aboutir le pont volant du boulevard. Comme l'esplanade de la barbacane est complètement ouverte à la gorge, si l'assaillant parvenait à forcer la première porte, il se trouvait entièrement à découvert et sans défense contre les feux rasants de la porterie, convergents et plongeants de la courtine et des tours Notre-Dame et Saint-Bénigne.

Outre le tablier du pont-levis, la porte charretière était fermée par une paire de vantaux ; ces clôtures forcées, on pouvait encore baisser la herse, tandis qu'on jetait sur l'assiégeant des projectiles par l'ouverture ménagée dans la voûte ; enfin une porte épaisse à deux vantaux vient encore fermer le passage du côté de la cour.

Le couloir de la poterne n'ouvrait pas directement sur la cour, il était mis en communication avec le grand passage charretier par une porte latérale ; pour la franchir, il fallait traverser un petit poste communiquant directement avec un vaste corps de garde ; cette chambre est munie d'une large embrasure destinée à une pièce d'assez fort calibre. — A gauche du passage des voitures, entre la herse et la cour, s'ouvre une porte basse qui donne accès à une seconde embrasure faite pour recevoir un canon. — Ces deux bouches à feu, placées de chaque côté des ponts-levis, étaient spécialement destinées à battre l'esplanade du boulevard. L'escalier conduisant au premier n'a aucune communication, ni avec le passage ni avec le corps de garde ; il n'a d'autre issue au rez-de-chaussée que celle sur la cour.

Il est facile de reconstruire le système des pont-levis ; à défaut des ruines fort bien conservées en cet endroit, les comptes de Jehan Saumaire ne laisseraient aucun doute[25].

Au-dessus de la grande baie destinée aux cavaliers et aux chariots se trouvent les deux rainures verticales dans lesquelles doivent se loger les bras supportant la passerelle mobile, lorsque cette passerelle est levée. Chacun de ces bras de levier repose, à peu près au milieu de sa longueur, sur un tourillon qui joue dans une entaille ferrée dans la pierre au-dessus de la rainure. Le tablier du pont est suspendu par des chaînes à l'extrémité de ces deux pièces de bois. Voici quelle était la manœuvre :

En faisant effort au moyen d'une chaîne sur la partie postérieure des bras alors qu'ils sont horizontaux, c'est-à-dire lorsque le pont-levis est baissé, ces bras, entraînés par des poids, pivotent sur leurs tourillons et deviennent verticaux. Sous cet effort les chaînes qui rattachent la passerelle se tendent et forcent le tablier à venir se fixer en feuillure contre la porte qu'il ferme hermétiquement.

Le système de relèvement du tablier de la poterne est le même, seulement la passerelle est suspendue par un seul bras de levier qui vient se loger dans l'unique rainure verticale placée au milieu de la porte.

Une barre de fer horizontale, légèrement arrondie à chaque extrémité, porte les deux chaînes auxquelles le bout du tablier est suspendu ; une seule chaîne réunit ce collier à l'extrémité du bras de levier. Lorsque le pont-levis est levé, quand le bras est logé dans sa rainure, le collier vient s'encastrer dans une rainure horizontale ménagée dans la pierre ; les deux chaînes suivent le mouvement et viennent aussi se placer dans deux petites rainures disposées pour les recevoir.

Le système des pont-levis de cette porte et de cette poterne ne diffère d'ailleurs que par quelques détails de ceux décrits par M. Viollet-le-Duc[26].

Le premier étage de la porterie contenait la chambre de la herse, et le logement du capitaine : ce dernier était situé au-dessus de la porterie et occupait les appartements ayant vue sur la cour. En débouchant de l'escalier à vis, on trouvait un petit poste avec une cheminée. Ce réduit était muni d'une embrasure destinée à une pièce de gros calibre, une seconde embrasure pour un canon se trouvait de l'autre côté de la chambre de la herse. Ces deux bouches à feu pouvaient envoyer des boulets sur la ville en passant par-dessus le boulevard ou balayer l'esplanade par un tir plongeant.

La vis se continue jusqu'à l'étage du grenier ; la charpente est ancienne, fort belle et bien conservée.

Au-dessus de la porte charretière, entre les deux rainures verticales, se trouvent les armes de France : le collier qui entoure l'écu est très finement sculpté, ainsi que tous les ornements qui décorent cette façade ; les feuilles, les entrelacs, les choux qui viennent interrompre les moulures ou couronner les accolades sont d'une sobriété de lignes et d'une simplicité de composition remarquables pour l'époque. La petite fenêtre qui éclaire la chambre de la herse, avec son accolade terminée par un chou qui sert de base à une statuette et vient couper la corniche, contient des détails charmants. Toute cette porterie date de la fin de Louis XI.

LA COUR.

En débouchant de la porte charretière, on se trouve dans la cour intérieure : à gauche, s'élèvent la chapelle, le magasin pour l'artillerie avec son grenier, la poudrière et les hangars. — A droite l'habitation du gouverneur, en face les logements de la garnison et la deuxième porterie de la campagne.

La chapelle est rasée aujourd'hui ainsi que les dépendances voisines ; il n'en reste absolument rien. Pour les restaurer ainsi que pour reconstituer l'habitation du gouverneur, il n'existe comme documents graphiques, que le plan dressé par les ingénieurs en 1788, plan assez vague, mais qui indique la position respective des bâtiments ; le relevé ne peut d'ailleurs fournir le tracé de tous ces édifices qu'avec les changements subis sous Louis XIV et en 1725. — Bien auparavant, sous la Ligue et sous la Fronde, les sièges supportés par la citadelle avaient déjà nécessité des remaniements qui avaient petit à petit fait disparaître les positions primitives. Les comptes de Chevauchée des trésoriers de France fournissent très peu de renseignements à cet égard.

Les comptes de Jehan Saumaire (année 1495) donnent sur le magasin et la poudrière, appelés, dans ses registres, l'un maison de Molins et Grenier, l'autre maison du Four, des explications très brèves et très vagues. — Ces deux corps de logis, imparfaitement achevés sous Charles VIII, ont d'ailleurs subi d'importantes modifications sous Louis XII[27].

CHAPELLE.

La chapelle, composée d'une seule nef formée de deux travées, était voûtée en voûtes d'arêtes sur plan barlong, avec culs de lampe à l'intersection des arcs diagonaux ; le chœur était polygonal. — Une vis conduisait à une vaste tribune et desservait la galerie couronnant l'édifice. — La chapelle et sa flèche étaient couvertes d'ardoises[28].

Un passage sépare le chevet de l'église des magasins également isolés de la courtine ouest.

ARSENAL ET MAGASINS.

Le bâtiment appelé magasin à l'usage de l'artillerie renfermait au rez-de-chaussée un arsenal avec poudrière et dépôt de boulets. L'arsenal était couvert en voûtes d'arêtes sur plan carré ; des colonnes placées dans le sens de la longueur de l'édifice, le divisaient en deux nefs égales et supportaient la retombée des arcs doubleaux ; des contreforts venaient buter leur poussée. — La poudrière faisant suite à l'arsenal était voûtée en voûtes d'arêtes, mais sur plan barlong (voir *opp* du plan).

Un puits comblé plus tard était situé à proximité. — La vaste remise ou magasin (Q du plan) servait sans doute de dépôt aux affûts, caissons et chariots de la Garnison. — Comme l'étage des combles de l'arsenal, le premier étage de cette remise servait de grenier à blé et de magasin[29].

HABITATION DU GOUVERNEUR.

Le *gouvernement* est de toutes les constructions du château encore debout la plus défigurée. Les remaniements successifs occasionnés par la fantaisie des différents gouverneurs, les réparations faites en 1601 sous le duc de Biron, alors que le feu de l'artillerie de Henri IV avait causé de grands dommages aux bâtiments intérieurs, la reconstruction faite en 1726 lorsque les murs tombaient en ruines[30], et que le style dominant du château était considéré comme barbare, ont complètement détruit le plan primitif.

Les exigences de sa nouvelle destination, les adjonctions rendues obligatoires par le service des bureaux de la gendarmerie, ont achevé sa déformation.

Lorsque la forteresse était dans toute sa force et sa puissance, le *gouvernement* servait non seulement d'habitation au commandant de place, mais encore de tribunal militaire ; aussi contenait-il toutes les dépendances qui entouraient le logis d'un seigneur à la fin du XVe siècle.

Voici quelle était sa disposition autant qu'il a été possible de lire le plan primitif à l'aide des murs existants et des plans ou vues relatifs à cette partie du monument. — Une petite cour séparait le bâtiment principal de la courtine est. Dans cette cour se trouvaient les dépendances et une vaste cuisine avec cellier au-dessous ; un perron couvert reliait cette cuisine au logement du gouverneur. Les gens et la maison du commandant se trouvaient donc séparés du reste de la garnison.

Le rez-de-chaussée contenait une série de pièces largement éclairées sur la cour d'honneur : une salle de gardes, la salle de Justice et les pièces de réception.

Le premier, l'appartement particulier du gouverneur, desservi par deux larges escaliers à vis contenus dans les tourelles.

Les moindres parties du château sont traitées avec une telle richesse de détails, qu'il est probable que le logis du commandant, lieutenant du Roi et véritable gouverneur, comportait un luxe au moins égal à celui des autres bâtiments... quelques débris, une gargouille, des fragments d'écussons et d'ornements peuvent seuls l'attester aujourd'hui.

COURTINES.

Les murs des courtines, d'une épaisseur considérable, sont percés, au rez-de-chaussée et dans tout le pourtour, de nombreuses embrasures destinées à recevoir du canon. Ces embrasures, en général munies d'évent, forment à l'intérieur une espèce de vaste niche couverte par un berceau surbaissé qui affecte la forme d'un tronc de cône en se rapprochant de l'ouverture circulaire destinée à laisser passer la bouche du canon. — Cette ouverture va en s'évasant à l'extérieur où elle prend tantôt la forme d'une ellipse, tantôt d'une anse de panier.

Cet évasement facilite le pointage sur un angle qui varie suivant la position, mais est en général de 25 degrés. — Trois hommes peuvent tenir dans ces niches et manœuvrer facilement une pièce d'assez gros calibre, quelques-unes sont munies de deux retraits profonds, abris pour les projectiles, et destinés sans doute aussi à servir de refuge aux servants qui s'y blottissaient au moment où le pointeur mettait le feu ; c'était une petite précaution contre les accidents occasionnés fréquemment à cette époque par le recul et même la rupture des pièces. — Toutes ces embrasures, destinées d'ailleurs à des bouches à feu dont le tir de plein fouet battait la crête de la contrescarpe, varient dans les détails suivant la situation qu'elles occupent dans l'enceinte de la Forteresse (voir le plan général).

COMMUNICATION AVEC LES REMPARTS DE L'EST.

La cour communiquait avec la tour Poinsard Bourgeoise, et par suite avec les remparts de la ville du côté de la porte Fermerot par un petit passage oblique ménagé dans l'épaisseur de la courtine est. Après avoir descendu quelques marches entre les murs de ce couloir, on se trouvait sur une passerelle battue de deux côtés par les feux rasants des deux canons placés dans les batteries des tours Saint-Martin et Notre-Dame pour enfiler l'escarpe de ce côté.

La courtine est se rétrécissait considérablement à cet endroit afin de dégager la gorge de la tour Notre-Dame. Il est vrai qu'elle se trouvait alors masquée du côté de la campagne par la tour Poinsard Bourgeoise, tandis que la saillie de la tour Notre-Dame la protégeait du côté de la ville. — Une bouche à feu rasait le parement intérieur des anciennes murailles et enfilait le fossé dans la direction de la porte Fermerot.

TOUR POINSARD BOURGEOISE.

La tour Poinsard Bourgeoise, tour flanquante des anciens remparts, était établie suivant la tradition romaine modifiée d'après les règles adoptées au XIIIe siècle : demi-cylindrique à l'extérieur, sur plan carré du côté de la ville, elle était fermée à la gorge.

Il ne semble pas qu'on lui ait fait subir de grandes transformations à l'époque de la construction du château. — Commandée par les quatre grosses tours de la forteresse, elle ne fut pas considérée comme faisant directement partie de l'ensemble des défenses, aussi ne fît-on aucune tentative pour y placer du canon.

Les comptes du temps en parlent assez dédaigneusement comme d'une vieille tour « où l'on enfermait les lards pour la provision du chastel[31] ».

Elle fut néanmoins conservée.

COMMUNICATION AVEC LES REMPARTS A L'OUEST.

On trouve pour la courtine ouest les mêmes particularités que pour la courtine est. — On communiquait de la cour intérieure aux murailles de la ville par une estacade fortifiée aboutissant aux remparts du XIIIe siècle.

Ici un parapet crénelé protège la plate-forme du côté de la campagne, tandis qu'une échauguette avec mâchicoulis surplombant le pont volant vient défendre la poterne. — Cette passerelle est balayée en outre par les feux des tours Guillaume et Saint-Bénigne.

La courtine nord n'a que trois embrasures s'ouvrant directement sur la grande cour ; les autres sont enclavées dans les logements de la garnison et le corps de garde de la deuxième porterie du côté de la campagne.

LOGEMENTS DE LA GARNISON.

Ces casernes flanquaient autrefois les deux côtés de la porterie du côté de la campagne. — Il serait difficile de reconnaître leur disposition dans les bâtiments qui contiennent aujourd'hui les chambres des gendarmes, mais les comptes de Jehan Saumaire permettent de les rétablir pierre à pierre et dans les plus petits détails, sans qu'il soit possible d'avoir le moindre doute.

Chacun de ces deux corps de logis se composait d'un rez-de-chaussée bâti sur cave, d'un premier et d'un étage de combles. — Au rez-de-chaussée se trouvaient trois pièces, trois aussi au premier, trois au second ; la longueur et la hauteur en sont parfaitement déterminées[32]. — Le bâtiment situé du côté de la tour Guillaume se composait de deux pignons, celui regardant la porterie en maçonnerie réglée à cause des deux cheminées qu'il contenait[33], l'autre en maçonnerie ordinaire recouverte d'un enduit[34]. — La façade sur la cour intérieure était formée par un pan de bois sur lequel une galerie portait encorbellement[35]. — Cette galerie servait d'abri au rez-de-chaussée et conduisait aux chambres du premier. — Un escalier à vis desservait les deux étages supérieurs.

Au rez-de-chaussée, dans la pièce du milieu, plus petite que les autres, se trouvait une canonnière[36]. — L'embrasure, percée dans toute l'épaisseur de la courtine, était faite pour une pièce de gros calibre qui pouvait battre obliquement l'esplanade du boulevard de Louis XII.

Le chemin de ronde de la courtine nord passait presque au niveau du premier étage de ces casernes, mais n'avait avec elles aucune communication ; ces maisons étaient en quelque sorte adossées au rempart[37], et la saillie du toit des bâtiments venait abriter et recouvrir le sommet du toit en appentis de ces chemins de ronde, complètement isolé des chambres de la garnison.

Il serait superflu et peu intéressant d'entrer ici dans les minutieuses explications que donnent les comptes du temps, cependant tous ces longs détails rendent faciles la restauration du plan : ainsi il y avait six portes et six fenêtres à la maison du côté de la porte Guillaume[38] ; six portes, six fenêtres de façade et deux latérales au corps de logis du côté de la tour Saint-Martin. Chaque fenêtre était coupée en croix par un meneau et par une traverse qui la divisaient en quatre croisées[39] ; enfin tout est compté, énuméré, jusqu'aux paumelles et aux crampons dont l'énumération vient encore confirmer les hypothèses précédentes[40]. Les salles étaient pavées en carreaux rouges[41], et garnies de tables énormes avec bancs, escabeaux et tout le mobilier nécessaire à la vie des soldats[42].

Le corps de logis situé du côté de la porte Fermerot était construit sur le même plan que le bâtiment placé du côté de la tour Guillaume, mais sa longueur était un peu moindre[43].

Ces deux maisons, désignées sous le nom de logements de la garnison, étaient couvertes de tuiles rouges[44].

Des quatre escaliers des tours, un seul conduisait directement aux chemins de ronde des courtines : le bel escalier à vis de la tour Saint-Martin. — Pour arriver par une autre voie aux plates-formes supérieures, il fallait, ou traverser les salles de ces tours, ou bien se servir de l'escalier droit accolé à la porterie de la campagne qui n'avait d'autre issue au rez-de-chaussée qu'une porte débouchant dans le corps de garde.

TOURS.

Les tours Saint-Bénigne et Notre-Dame, moins élevées que celles du côté de la campagne, ont néanmoins, sur les courtines et les boulevards un commandement considérable. — Ces quatre cylindres d'un énorme diamètre se projettent puissamment en dehors des courtines et sont d'un excellent flanquement.

Un peu au-dessous du niveau de la contrescarpe du fossé, un talus d'escarpe en maçonnerie donne une forte assiette à leur base. Les assises de ce talus, parfaitement appareillées, sont dépourvues des bossages qui règnent sur les parois verticales de la tour, ces aspérités pouvant faire dévier le ricochet du projectile lancé par les mâchicoulis.

Chacun des trois étages inférieurs contient une batterie casematée, tandis que l'étage supérieur, muni de crénelages et de mâchicoulis, protège le pied de l'ouvrage contre la sape et le travail du mineur.

Les quatre tours étaient dès l'origine couvertes d'un toit conique, aucun doute n'est possible à cet égard[45].

TOUR NOTRE-DAME.

La tour Notre-Dame contient encore trois étages debout.

Elle communiquait avec la cour par une large arcade pratiquée à la gorge ; cette arcade, formant comme une espèce de porche voûté, desservait le corps de garde et l'escalier à vis, permettait d'apercevoir de l'intérieur tous ceux qui montaient ou descendaient, et facilitait l'introduction des engins dans la tour.

La salle du rez-de-chaussée, garnie d'une vaste cheminée avec manteau, était éclairée par une fenêtre donnant sur la cour. Cinq portes s'ouvrent sur cette pièce ; ces portes, encore munies de leurs gonds, donnent accès dans des chambres de canonnières. — Les embrasures, énormes et de forme bizarre, possèdent ces deux retraits que l'on retrouve dans les meurtrières de la grande cour : des évents permettent à la fumée de s'échapper.

Deux des bouches à feu enfilent les courtines, une autre bat la crête de la contrescarpe du fossé en face du point mort.

Les parements intérieurs des murs sont faits de moellons piqués de très petit appareil ; il n'y a de taille que pour les linteaux et les jambages des portes. La voûte, qui affecte la forme d'un berceau surbaissé, est assez singulière : sa pénétration avec les parois latérales, très irrégulières en plan, et d'autant plus élevées qu'elles se rapprochent davantage de la porte d'entrée, a donné naissance à des difficultés résolues d'une manière fort ingénieuse, mais certes très bizarre[46]. — Le plus grand soin a été apporté à l'appareil et à la construction de ces voûtes ; bien que leur extrados soit exposé à la pluie depuis le dérasement des tours, elles n'ont pas subi de déformation sensible.

Un bel escalier à vis, aux emmarchements assez doux et s'éclairant sur la cour, conduit aux souterrains et dessert les étages supérieurs. Des ouvertures sont ménagées de distance en distance dans l'épaisseur des marches afin de donner passage à la lumière dans les endroits les plus obscurs de la vis.

Le premier étage souterrain contient une batterie de cinq pièces. Les embrasures diffèrent peu de celles du rez-de-chaussée : chacune d'elle, munie de deux retraits et d'un évent, a son huis sur la salle centrale. Celle-ci est chauffée par une vaste cheminée.

La batterie du second étage souterrain ne contient que trois chambres de canonnières ; une ouverture oblique, espèce de large glissoire ménagée dans l'épaisseur de la voûte, met en communication les deux casemates inférieures et facilite le passage des munitions. — Ici les embrasures sont dépourvues de retraits et semblent destinées à des pièces de petit calibre. Deux de ces bouches à feu battent le fossé en enfilant le talus d'escarpe des courtines, la troisième défend la partie inférieure de la contrescarpe en face du point mort[47].

Contrairement aux usages adoptés au XVe siècle, les embrasures de ces trois étages de batterie sont situées dans le même plan vertical. Il en est de même pour les bouches à feu des autres tours ; celles des courtines et boulevards sont les seules qui se chevauchent.

La grande salle du premier étage servait sans doute à loger le poste de la tour Notre-Dame, car elle ne contient d'autre ouverture sur les dehors qu'une meurtrière destinée beaucoup plus à voir ce qui se passe dans la ville, qu'à servir d'embrasure à une arme de jet. — Cette particularité existait d'ailleurs pour les trois autres tours, dont les murs extérieurs étaient pleins depuis le rez-de-chaussée jusqu'à l'étage des mâchicoulis.

GUETTE.

Une tour de guet était accolée à la tour Notre-Dame et dépassait de beaucoup son crénelage supérieur.

Cette guette, bâtie sur plan rectangulaire et desservie par la vis de la tour, commandait toutes les parties du château. Du haut de sa galerie le guetteur découvrait la plaine au loin, et, dominant la plupart des monuments de Dijon, apercevait facilement tout ce qui se passait dans la ville. — La situation de cette tour de guet indique même que c'était là la pensée dominante du constructeur.

Ses dimensions, relativement considérables, permettaient l'établissement de véritables postes d'observation dans cette position élevée, surtout au troisième étage, où la petite salle de guet était munie de deux échauguettes avec mâchicoulis. Des cheminées chauffaient les pièces de la tourelle à ses différents étages. — A partir de la plate-forme de la tour, une petite vis spéciale conduisait à la terrasse d'où le guetteur faisait les signaux.

La tour Notre-Dame venait interrompre la circulation sur les chemins de ronde des courtines. Pour communiquer de la courtine est à la courtine sud, il fallait donc traverser la grande salle du premier étage ; c'est une des nombreuses précautions que l'esprit de défiance a accumulées dans les différentes parties du château de Dijon. — Une ronde venant de la courtine est, par exemple, devait, après avoir descendu les quelques marches du couloir de la tour (le dallage de la salle du premier se trouve un peu en contrebas des plates-formes des galeries), traverser la grande salle, prendre la vis conduisant aux étages supérieurs, monter quelques marches et se faire reconnaître par le poste de la guette. Ce n'est qu'après avoir rempli cette formalité, qu'elle pouvait pénétrer sur la courtine sud.

La chambre du second, éclairée sur la cour et sans ouvertures sur les dehors, était occupée par le capitaine commandant la tour Notre-Dame. — Quant à l'étage de combles, communiquant de plain-pied avec le chemin de ronde, il servait sans doute de magasin pour les projectiles sphériques qu'on lançait par les trous des mâchicoulis, et de dépôt pour les munitions nécessaires aux arquebusiers et aux arbalétriers postés derrière les crénelages.

Tous les étages communiquent entre eux au moyen d'un œil percé au sommet de chaque voûte. — Cette ouverture facilite les approvisionnements des batteries basses, permet d'y descendre du canon et donne la possibilité de monter des engins aux étages supérieurs sans encombrer les escaliers réservés aux hommes de la garnison en cas d'attaque.

Au sommet de chacune des quatre tours, se trouvait un chemin de ronde avec parapet crénelé garni de mâchicoulis ; chaque merlon était muni d'une meurtrière composée d'une petite ouverture circulaire avec mire au-dessus.

Le plan de Bredin, qui date de 1574[48], indique cette disposition, déduction naturelle du système général de défense donné par les ruines actuelles. — La tour Notre-Dame était couverte d'un toit conique[49]. Cette couverture, en tuiles rouges, était en fort mauvais état en 1560 ; on la répara. On reprit de nouveau la charpente et la couverture en 1601 sous le duc de Biron.

Ce n'est qu'en 1620 qu'on perça les deux voûtes supérieures pour y monter du canon[50].

De cette époque date certainement la première transformation du château de Dijon. Les tours sont rasées d'un étage afin de leur donner un plus petit commandement sur les courtines. — L'extrados de la voûte supérieure est protégé par un épais blocage et fortement chargé afin de mettre les casemates à l'abri de la bombe, dont on commençait à faire usage[51]. — Le toit conique est remplacé par une plate-forme avec batterie supérieure blindée.

Les murs de la tour Notre-Dame, excessivement épais, se composent d'un blocage irrégulier renfermé entre deux parements de maçonnerie réglée : l'un de pierre de taille, l'autre de moellon piqué. Le parement extérieur est fait de fortes assises de pierre de Dijon taillées en bossage entre quatre traits de ciseau, le parement intérieur de moellon piqué, de petit appareil. Les voûtes étaient chargées de cran sur lequel on posait le dallage à bain de ciment.

TOUR SAINT-BÉNIGNE.

La tour Saint-Bénigne, de même hauteur que la tour Notre-Dame, présentait des dispositions à peu près semblables. Comme pour cette dernière, il fallait traverser la salle du premier étage pour se rendre d'une courtine à l'autre.

Lorsque les tours Guillaume et Saint-Martin furent commencées (1487-1491), l'artillerie à feu avait fait de sensibles progrès ; aussi l'ingénieur chargé de la direction des travaux, tout en n'osant s'affranchir des anciennes traditions et tout en conservant le plan primitif, apporta-t-il quelques modifications de détails.

Ces deux maîtresses tours, d'un diamètre plus considérable et d'un plus long flanquement, sont moins percées, les parois plus épaisses encore. Dans les trois étages de batteries casematées, il n'y a aucune embrasure au point mort, sans doute pour ne pas affaiblir la maçonnerie à l'endroit le plus exposé aux projectiles de l'ennemi. Ce point est d'ailleurs défendu par les feux convergents et croisés des canons des remparts de la ville et du grand boulevard de Louis XII. C'est cet ouvrage, en effet, qui joue le rôle important dans tout le système défensif du château du côté de la campagne.

La tour Guillaume communiquait avec la grande cour au moyen d'un long couloir allant en s'évasant du côté de l'intérieur. — Au rez-de-chaussée, une grande salle sur laquelle s'ouvraient quatre chambres de canonnières garnies de portes ; ici les embrasures sont, en général, dépourvues de retraits et affectent une forme différente de celle des tours du côté de la ville.

Les deux batteries souterraines offraient des dispositions semblables. Un très large escalier à vis les desservait et conduisait aux chemins de ronde. Cette vis, située dans une tourelle accolée à la tour, débouchait dans la grande salle au rez-de-chaussée, au premier directement sur la plate-forme des courtines.

Les hommes de garde, en faisant leur ronde, pouvaient donc passer de la courtine ouest sur la courtine nord sans traverser le poste de la tour d'angle, comme ils étaient obligés de la faire pour explorer la courtine située du côté de la ville.

La salle du premier étage, de plain-pied avec les chemins de ronde, et voûtée en berceau ogival, n'avait d'autre ouverture sur les dehors qu'une vue dirigée sur la ville : sans fenêtre et sans cheminée, elle servait probablement d'arsenal ou de magasin.

Une petite vis prise dans l'épaisseur du mur desservait les salles supérieures et l'étage des mâchicoulis.

La tour Guillaume, semblable aux trois autres par son crénelage et son toit conique[52], était disposée de manière à recevoir au besoin une ceinture de hourds sur toute la portion extérieure de sa circonférence.

On remarque encore aujourd'hui, sur le parement qui regarde le boulevard de Louis XII, une double ligne d'ouvertures carrées placées l'une au-dessus de l'autre, ouvertures disposées et espacées de façon à recevoir, l'une la portée de la solive, l'autre le pied du lien supportant les montants du hourd. Un filet ou solin venait abriter l'about des chevrons de ce système de hourdage lorsqu'il était en place. Son amorce, ainsi que les fragments d'un encorbellement en pan coupé à l'angle de la tour Guillaume et de la courtine nord, subsistent encore complètement calcinés. — La communication entre cette ceinture de hourds et les chemins de ronde était établie de plain-pied par les hourds des courtines quand ceux-ci étaient montés ; par les crénelages, si l'on ne voulait blinder que la tour.

Il est singulier de trouver ce système primitif de hourds combiné avec les exigences nécessitées par les progrès de l'artillerie à feu : il est certain que ce hourdage provisoire dont la garde antérieure faite à la hâte ne pouvait se composer que de madriers ou de maçonnerie légère et peu résistante, ne devait pas tenir contre une volée de bombardes ou des feux de mousqueterie prolongés. Il a d'ailleurs l'inconvénient d'annuler complètement l'effet des mâchicoulis. — A cette époque d'incertitude et d'hésitation, l'ingénieur tint sans doute à se réserver ce chemin de ronde d'un long flanquement pour protéger le pied de l'ouvrage, et défendre cette partie de la tour en cas d'attaque rapprochée. — Cette ceinture de hourds existait d'ailleurs tout autour des courtines du château : les trous des solives se voient encore au pied du parapet de la courtine est.

TOUR SAINT-MARTIN.

La tour Saint-Martin est analogue à la tour Guillaume. La disposition des bouches à feu est la même : deux batteries souterraines, munies chacune de quatre chambres de canonnières, deux enfilant les escarpes des courtines, deux battant le fossé ; pas d'embrasure au point mort. Le rez-de-chaussée, très élevé et largement éclairé par une grande ouverture au-dessus de la porte, contenait une vaste pièce munie de latrines et de quatre embrasures garnies de portes[53].

Au premier étage était une belle salle voûtée en berceau ogival avec vue sur la campagne et fenêtre haute pratiquée à la gorge de la tour. Ces fenêtres étaient garanties par des treillis de fer[54]. La couverture et les couronnements offraient les mêmes particularités que les trois autres tours.

Outre les armes de France et de Bourgogne, les gouverneurs de la forteresse firent placer leur écu sur les parois extérieures des deux maîtresses tours Guillaume et Saint-Martin, un peu au-dessous de la ligne des corbeaux des mâchicoulis. — Parmi ces armoiries on remarquait celles de Georges de la Trémoille, sire de Craon, premier gouverneur de la province depuis sa réunion à la couronne ; de Jean d'Amboise, de Jean de Baudricourt, d'Engilbert de Clèves, comte de Nevers, etc.[55] Des devises, des emblèmes et des animaux y étaient en outre représentés et venaient rompre la sévérité des grandes assises de bossages.

Sous Louis XII, il n'existait aucune tour de guet du côté de la campagne ; on en construisit une plus tard au-dessus de l'escalier de la tour Saint-Martin. Cette guette, percée de trois ouvertures sur les dehors et munie d'une cheminée, était assez grande pour contenir un petit poste[56].

L'escalier à vis de la tour Saint-Martin était contenu dans une tourelle et débouchait directement sur le chemin de ronde de la courtine. La tourelle s'élevait plus haut encore et desservait l'étage supérieur de la tour au moyen d'un pont volant ; une vis prise dans l'épaisseur du mur conduisait ensuite de cet étage à l'étage des mâchicoulis. — La porte du rez-de-chaussée de cette belle vis, avec son accolade fleurie, existe encore aujourd'hui; la menuiserie même est conservée : on voit sculptés sur ses panneaux les parchemins si fréquemment employés au XVe siècle.

COURTINES. — ÉTAGES SOUTERRAINS.

Deux étages superposés de galeries casematées passant sous les courtines reliaient entre elles les quatre tours.

Le deuxième étage souterrain (galerie d'écoute) n'était pas voûté : un simple plancher composé de solives sur lesquelles portaient des madrières, affleuraient le dallage de la première salle souterraine de chaque tour et séparait les deux batteries basses des courtines. Il ne reste plus trace aujourd'hui de ce plancher : les galeries sont en partie comblées et les murs montent de fond. On remarque pourtant de distance en distance les trous carrés ménagés dans les parois pour recevoir les portées des solives.

Les escaliers à vis des tours desservaient ces souterrains. Le premier étage sous la courtine du midi communiquait de plain-pied avec la batterie souterraine du boulevard de la ville au moyen d'une passerelle. — Quatre embrasures de canon munies d'évents battent la contrescarpe du fossé en cet endroit. — A l'est trois bouches à feu, quatre au nord et quatre à l'ouest, viennent se chevaucher avec celles de la batterie inférieure et défendre la base de l'ouvrage. — Ces batteries casematées, complètement masquées par la contrescarpe, ne pouvaient avoir d'utilité que lorsque l'assaillant débouchait dans le fossé.

Le premier étage souterrain de la courtine nord était mis en communication avec la batterie basse du boulevard de Louis XII par deux passerelles ; une passerelle pouvait aussi le relier à l'ouest avec le passage voûté de l'estacade de la ville.

Les embrasures sont percées dans toute l'épaisseur de la maçonnerie des courtines et forment comme autant de chambres ; les canonniers pouvaient donc faire le service des pièces sans gêner la circulation, qui se trouvait ainsi établie à deux étages différents tout autour de la base du château.

CHEMINS DE RONDE.

Les courtines, défendues au pied par ces deux batteries casematées, au rez-de-chaussée par des bouches à feu de gros calibre, étaient couronnées par un chemin de ronde muni d'un parapet percé de nombreuses embrasures pouvant recevoir des bombardes, couleuvrines, veuglaires et autres pièces de petite dimension destinées à battre les environs. Les merlons du parapet assez exhaussé pour défiler les canonniers, étaient garnis de trous circulaires avec mire au-dessus pour des arquebuses à main.

Les chemins de ronde pouvaient être doublés par toute une garniture de hourds ; les créneaux devenaient alors autant de portes permettant de communiquer avec cette seconde galerie extérieure. — Ce hourdage défendait contre la mine le pied des courtines dépourvues de mâchicoulis, et ne devait être employé que lorsque, les fossés comblés, les travaux d'approche des assiégeants pouvaient faire redouter un assaut et rendre possible une lutte corps à corps dans laquelle les feux de mousqueterie et les projectiles à main devenaient meurtriers, tandis que l'effet produit par les volées de canon de ces pièces à tir plongeant était à peu près nul.

Un toit de tuiles rouges couvrait les chemins de ronde[57]. Ce toit était à deux pentes sur le front des courtines ; la galerie nord était couverte en appentis au droit des logements de la garnison. — Les galeries étaient complètement ouvertes sur la cour centrale... une série de poteaux supportait la couverture de ce côté[58]. — De distance en distance, une lucarne servait d'évent[59] : un volet ou portière fermant chaque embrasure venait abriter les servants pendant qu'ils chargeaient les pièces[60].

DEUXIÈME PORTERIE DE LA CAMPAGNE.

La deuxième porterie de la campagne offrait de grandes similitudes avec la deuxième porterie de la ville. Seulement ici le bâtiment n'avait pas de vis particulière ; quelques marches mettaient en communication la demi-courtine nord située du côté de la porte Guillaume avec le premier étage surélevé. — Celui-ci n'avait pas de porte s'ouvrant sur l'autre moitié de la galerie nord, de sorte qu'une ronde venant de la courtine ouest, était obligée, pour descendre dans la cour, soit de prendre la vis de la tour Guillaume et de se faire reconnaître par le poste du rez-de-chaussée de cette tour, soit s'engager dans l'escalier à ciel ouvert longeant la porterie et de traverser le corps de garde de la deuxième porte.

En étudiant le château, on est étonné de tous les obstacles que la défiance a accumulés à chaque pas, ainsi que du nombre de retraites ménagées dans un espace aussi étroit. — Chaque partie de la forteresse, en dehors du rôle qu'elle joue dans l'ensemble du plan général largement conçu, est encore combinée de manière à jouer un rôle partiel dans un système de défense plus restreint, et même à se défendre seule.

Le premier étage de la porterie contient une première chambre avec embrasure pour une bouche à feu, la chambre de la herse est une vaste pièce complètement ouverte sur l'intérieur. Là on pouvait, à un moment donné et à l'abri des projectiles de l'ennemi, accumuler les munitions et masser les hommes des courtines avant de les répandre sur un point.

On trouvait au rez-de-chaussée un vaste corps de garde avec chambre de canonnière pour battre l'esplanade du boulevard, un poste, un passage charretier et un couloir.

La porte et la poterne avec son pont-levis particulier étaient disposées comme à la porterie de la ville[61].

BOULEVARD DE LOUIS XII.

Le boulevard de Louis XII, fortement en saillie sur la courtine nord qu'il masquait presque entièrement, n'était vraiment commandé que par les tours de la place. C'est le fond, la partie principale de la défense de ce côté.

Deux ponts volants reliaient sa batterie basse aux souterrains du château. — Son esplanade communiquait avec la cour par un pont dormant auquel aboutissaient les ponts-levis de la porterie, avec la campagne par deux autres ponts-levis et un pont fixe franchissant le fossé.

La situation de la porte de secours, analogue à celle de la première porterie de la ville forçait l'assaillant à présenter le flanc aux feux de la tour Saint-Martin. Le premier corps de garde forcé, il lui fallait traverser diagonalement la plate-forme ouverte à la gorge et balayée par les feux croisés de la courtine nord. — D'ailleurs ce boulevard n'est plus un simple saillant protégeant les portes : c'est une véritable bastille garnie de bouches à feu à trois hauteurs différentes. — Ici les murs atteignent une épaisseur énorme: afin de renforcer encore la partie antérieure de l'ouvrage, les deux parements circulaires, intérieur et extérieur, ne sont pas concentriques : le tracé du parement extérieur est une demi-circonférence, celui du parement intérieur un arc surbaissé.

Ces épaisses murailles sont percées au rez-de-chaussée de cinq embrasures seulement, mais ce sont de véritables chambres avec retrait et armoire pour les munitions. Voûtées en berceau surbaissé et munies d'évent, elles étaient destinées à des pièces d'artillerie de très gros calibre. — L'ouverture circulaire, combinée pour un tir rasant et très évasée à l'extérieur, permettait de découvrir les dehors sur un angle de 25 degrés ; ces bouches à feu battaient la crête de la contrescarpe du fossé. — La planche IX donne le plan, la coupe et les faces de l'une d'elles. — L'exemple choisi est l'une des deux chambres de canonnières le plus rapprochées de la gorge. — Sur sa paroi latérale s'ouvre une seconde embrasure dont la bouche enfile l'escalier descendant à la batterie casematée: au cas où l'assiégeant, maître des souterrains du boulevard, eût voulu envahir les étages supérieurs, il était reçu à bout portant et en plein visage par le feu de cette pièce au moment de déboucher sur l'esplanade.

Le boulevard de Louis XII a son puits particulier dont la margelle, d'un beau profil, est encore intacte ; ce puits était relié à l'étage souterrain par un couloir voûté passant obliquement sous l'escalier.

La galerie qui défend l'ouvrage à sa base, au lieu d'être sur plan circulaire comme le bastion lui-même, forme une série de pans coupés, côtés d'un demi-polygone régulier inscrit dans la demi-circonférence du talus de l'escarpe. Sur les faces de ces pans coupés, et même aux angles, s'ouvrent les embrasures, très rapprochées, et destinées à des pièces d'artillerie de petite dimension. — Cette galerie, voûtée en berceau surbaissé, est admirablement appareillée, aussi est-elle encore aujourd'hui très bien conservée malgré l'humidité occasionnée par les infiltrations dues à la démolition des étages supérieurs, et le défaut d'aération que le remblai des fossés a augmenté en masquant la plupart des ouvertures. — Dix bouches à feu s'ouvraient sur ce souterrain.

La batterie basse, masquée par la contrescarpe du fossé, comme les batteries souterraines de la place, ne pouvait, comme elles, servir que lorsque l'assaillant, après avoir comblé le fossé, tentait de donner l'assaut. Une porte dissimulée par les piles du pont s'ouvrait alors au-dessous de la porterie de secours et permettait à la garnison de faire une sortie de ce côté, tandis qu'un autre corps de troupes pouvait déboucher par la poterne située dans la courtine nord « pour faire saillir gens ès foussez[62] .»

Sous le pavillon de secours, se trouvait une petite vis descendant jusqu'au pied du boulevard et s'ouvrant sur le petit passage qui franchissait le fossé en traversant les piles du pont. Sous la contrescarpe, cette petite galerie voûtée rejoignait un souterrain dont l'autre issue est ignorée maintenant. — Peut-être reliait-il la forteresse au château de Talant, ou, ce qui est plus vraisemblable, débouchait-il simplement dans la campagne[63].

Deux larges escaliers à ciel ouvert conduisaient de l'esplanade à la plate-forme supérieure. — Celle-ci, au lieu d'être crénelée, était défendue dans tout son pourtour par un parapet exhaussé défilant les canonniers et les pièces mises en batterie dans les embrasures couvertes. — De distance en distance des meurtrières avec plongée étaient percées au pied du parapet : ce sont les seules ouvertures du bastion réservées à la mousqueterie.

PORTE DE SECOURS.

Le poste du boulevard occupait la grande salle du premier étage du pavillon de secours[64] : le sol de cette pièce était plus élevé que les plates-formes ; deux petits escaliers y conduisaient. — Là se trouvait le treuil destiné à faire mouvoir la herse. — Ce corps de garde ne pouvait communiquer avec le rez-de-chaussée que par les deux escaliers à ciel ouvert desservant le chemin de ronde de l'ouvrage.

La porterie se composait, au rez-de-chaussée, d'un passage charretier et du couloir de la poterne débouchant dans un petit poste. — La grande porte était défendue par le tablier du pont-levis, une paire de vantaux et la herse. Ses dispositions étaient d'ailleurs à peu près semblables à celles des trois autres portes du château ; seulement, ici, comme le sol du boulevard était beaucoup plus élevé que les terrains de la campagne voisine, les passerelles des ponts-levis, au lieu d'être horizontales, formaient un plan incliné, une fois abaissées ; le pont fixe était lui-même situé dans le prolongement du plan des tabliers[65].

La façade de cette porte de secours, encore debout il y a quelques années et dont les débris sont épars aujourd'hui sur une pelouse du jardin botanique, était un petit chef-d'œuvre de sculpture. — Au-dessus de la porte charretière, abritées par une accolade fortement en saillie, étaient placées les armes de France aux trois fleurs de lys ; l'écu environné du collier de l'ordre de Saint-Michel ; au-dessus, la couronne royale avec deux anges pour tenants, le pavillon royal avec un baldaquin et deux courtines enveloppant le tout. Ces sculptures étaient peintes et se détachaient sur un semis de fleurs de lys. Malgré les choux et les feuillages qui se ressentent du goût de l'époque et viennent donner une certaine mollesse aux lignes, cette porterie, avec ses trois contreforts et sa petite fenêtre accoladée, présentait un caractère de force et une énergie peu commune dans les édifices civils du temps. On reconnaît ici l'influence bourguignonne.

La silhouette de ce joli pavillon est des plus heureuse et venait rompre la sévérité de lignes de ce grand boulevard de Louis XII, qui n'avait d'autres ouvertures que celles destinées à laisser passer la bouche d'un canon. Du reste, l'architecte semble avoir voulu racheter dans cette partie la rudesse de l'ensemble par la richesse et la singularité des détails. — Au-dessus de chaque embrasure du rez-de-chaussée et tout autour de l'ouvrage était sculpté le porc-épic couronné ; des animaux aux formes bizarres, des renards, des truies couraient sur les murs, tandis que des écrevisses, des lézards, des grenouilles essayaient de grimper le long des parois ; un fouillis d'ornements empruntés à la flore la plus riche et rendus avec la plus grande hardiesse, venait de place en place interrompre les grandes assises de bossages et donnait à cette partie du château un aspect tout particulier.

RÉSUMÉ.

Au point de vue artistique comme au point de vue militaire, les trois époques du château sont fort bien définies.

Sous Louis XI toute la défense est dirigée contre Dijon, et le système de protection surtout établi en vue d'une attaque rapprochée : les embrasures sont, en général, destinées à des bouches à feu de petit calibre, la mousqueterie joue le rôle important ; la crainte de la trahison ou de la surprise a fait doubler les retraites et multiplier les issues. — Quant à la décoration des constructions de cette époque, elle est simple, mais comporte dans sa sobriété une certaine recherche de détails et une grande finesse. Le mode de construction employé est celui de l'Île-de-France.

Sous Charles VIII, l'artillerie à feu a fait des progrès sensibles : la province est soumise à l'autorité royale, aussi tout ce qui a été bâti sous ce règne est-il plus largement entendu ; la construction proprement dite joue le rôle important ; il faut avant tout des casernes pour loger des hommes, des magasins pour entasser des munitions ; les travaux sont très rapidement conduits du côté de la campagne.

La partie de Louis XII est aussi toute combinée au point de vue de la défense contre l'ennemi du dehors ; les batteries sont plus vastes, les casemates mieux aérées, le plus grand soin est apporté à l'appareil, à la construction, mais aussi une plus grande richesse. — Les détails, les ornements décoratifs abondent, et, s'ils n'ont plus la finesse de ceux de l'époque de Louis XI, ils comportent en revanche une beaucoup plus grande vigueur d'exécution.

Malgré la diversité de ces détails et l'esprit différent suivant lequel certaines parties de la forteresse ont été conçues, le plan primitif a été exécuté, le *parti* poussé jusqu'au bout ; aussi, malgré ces hésitations et ces tâtonnements, le château de Dijon présente-t-il dans son ensemble un grand caractère d'unité, et est-il un des plus beaux et des plus complets exemples du château fort français au commencement du XVIe siècle.

La conquête de la Franche-Comté lui a porté les premiers coups. — Sous les règnes de Louis XV et de Louis XVI, la forteresse, devenue place de second ordre, prison d'État et caserne, perd son caractère et subit des transformations malheureuses.

Elle était pourtant remarquable encore et bien conservée en 1788, époque à laquelle les officiers du génie, chargés de faire un rapport sur les fortifications de Dijon, l'admiraient en demandant sa conservation ; et certes, on ne peut les suspecter de partialité en faveur d'un style que les hommes les plus intelligents se plaisaient alors à méconnaître.

Le premier Empire, tout en respectant les anciennes constructions, a fait encore des adjonctions malheureuses ; mais, malgré les sièges, malgré les mutilations, le château subsistait encore il y a six ans.

Après la chute du second Empire, un groupe de citoyens, profitant du désarroi général pour se mettre à la tête des affaires, se nommèrent entre eux organisateurs militaires de la défense de la ville, et, parmi les actes conservateurs et militaires qu'ils décidèrent, ordonnèrent la démolition du château. Ce monument est la propriété du département, et, de plus, classé parmi les monuments historiques, mais on ne s'arrêta pas à ces considérations. Les démolisseurs se mirent à l'œuvre de suite : c'est alors que la porte de secours fut détruite et que les tours furent rasées ; l'entrée des Prussiens suspendit cet acte de vandalisme et le retour de l'autorité l'a empêché depuis ; mais les murs n'en ont pas moins comblé les fossés ; les écussons, les sculptures n'en ont pas moins été brisés avec une brutalité inouïe, malgré les représentations et les prières du président de la commission des antiquités qui les réclamait pour le musée de la ville.

Aujourd'hui le château ne présente plus que des ruines, mais ces ruines sont encore remarquables, et il faut espérer qu'elles seront conservées en dépit des projets d'embellissement du quartier Saint-Bernard et des études de nivellement de la place Darcy.

RESTAURATION DU CHÂTEAU DE DIJON

V
CONSTRUCTION

———

Les comptes du temps fournissent des renseignements curieux sur le mode d'exécution des travaux, le prix de quelques matériaux et l'installation du chantier. — Il y a peu de documents sur les premières années ; les recettes sont consignées exactement sur le registre municipal, mais l'emploi des sommes perçues n'est pas justifié. — Il est certain que les impôts considérables qui furent levés pendant le règne de Louis XI pour édifier le château ne lui furent pas complètement affectés. — La première contribution (celle de 1478), montant à 47.158 livres, fut payée cinq fois, et le tiers de cette somme était suffisant pour élever les bâtiments qui existaient à la mort du Roi.

Sous Charles VIII les impôts sont beaucoup moindres ; ils varient entre quatre mille et dix mille livres, mais l'emploi des fonds est parfaitement justifié. — Les comptes de Jehan Saumaire mentionnent une véritable agence fonctionnant sous l'autorité du lieutenant général et gouverneur pour le Roi, et sous le contrôle de la Chambre des comptes.

Pendant les années 1491-1492-1493-1495-1496, les officiers, comme les appellent les registres étaient :

Jehan Saumaire, commis au paiement des édifices, qui touchait comme traitement (gaige) douze deniers pour livre.

Jehan du Grès, contrôleur, cent livres tournois par an.

Jehan Morissier, maître des œuvres de maçonnerie, 365 livres tournois (vingt sous par jour)[66], etc.

La valeur des terrains qu'il fallait acheter pour l'emplacement de la forteresse était établie par des honorables hommes défendant les intérêts du vendeur ; c'étaient de véritables expropriations faites contradictoirement par experts[67].

Le chantier était très grandement installé et comptait un matériel considérable, à en juger par le nombre des camions, hottes, oiseaux et engins dont il est fait mention et qui sont achetés et réparés aux frais de l'administration, ainsi que les outils. — Les ouvriers employés formaient une véritable armée. — Dans la seule année 1491 on répare quatre-vingt-dix-neuf pics usés par les pionniers à faire les trous de mine dans la roche pour les fondations de la courtine nord. — Chacune de ces rehaussures, raffereures, est estimée un niquet par pointe[68].

Prévoyant la longueur des travaux, on avait construit provisoirement des hangars, des logettes pour servir d'abri aux hommes et aux engins ; des barrières et des portes avaient été provisoirement établies[69].

Le mortier se coulait du haut de la cour dans les fondations au moyen de channettes dont quelques-unes avaient jusqu'à cinquante pieds de long[70].

Le tombereau de chaux vive est payé six sols huit deniers ; celui de sable de rivière et chargé à deux chevaux coûte treize deniers tournois[71].

Les murs des tours, courtines et boulevards, tous d'une très grande épaisseur, se composaient d'un massif de blocage irrégulier très bien fait et avec d'excellent mortier, blocage contenu entre deux parements de maçonnerie réglée ; le parement extérieur de pierre de taille, le parement intérieur de moellon.

Ces pierres de taille et moellons provenaient de la carrière de Renne[72] ou des environs ; la pierre tendre, pour les parties destinées à recevoir des sculptures, venait d'Asnières[73] ; pour les glacis, les margelles de puits, les dallages, et en général les ouvrages exposés directement à la pluie, les pierres d'Is-sur-Tille et de Gémeaux[74] étaient préférées. Enfin les pierres à feu pour les fours, etc., étaient tirées de Fontaine-lès-Dijon[75].

Le parement extérieur de toutes les parties verticales ds tours était composé de «carreaulx ronds à bosse taillés entre quatre traitz de ciseau, contenant chacun carreau deux pieds et demi de long et ung pié de hault. » De même pour les courtines[76].

Quant aux talus, ceux des tours couronnées de mâchicoulis étaient formés d'assises layées ; les courtines, qui n'étaient pas couvertes à leur partie supérieure d'aucun encorbellement fixe, avaient leur talus composé d'assises de bossages comme leur paroi verticale.

Pour compléter ce chapitre, il serait nécessaire de reproduire tous les comptes de Jehan Saumaire, et... ce serait long ; ce qui précède suffit pour donner un aperçu du mode d'exécution des travaux sous Charles VIII, et il est probable qu'il fut suivi sous le règne de Louis XII ; d'ailleurs, pour cette partie plus récemment démolie, les documents d'autre nature abondaient et la restauration a été facile.

RÉSUMÉ DE L'HISTOIRE DE LA CONSTRUCTION.

LOUIS XI.

5 juin 1477. — Le gouverneur de Bourgogne communique au mayeur la volonté du Roi de faire bâtir le château de Dijon, le conseil de la ville délibère et arrête sa construction.

1478. — Les travaux commencent du côté de la ville. — On fait les fouilles et les terrassements pour les fossés, et on fend la roche pour l'implantation du front sud. — Fondation de la courtine du côté de Dijon et des tours Saint-Bénigne et Notre-Dame.

1479-1481. — Continuation de ces ouvrages. — A la fin de l'année 1481, les maçonneries des deux tours sont achevées, la porterie est couverte ainsi que la courtine, le boulevard de la ville sort de Terre.

1482-1483. — Couverture des tours. — Les bâtiments sont garnis d'artillerie sur le front du côté de la ville, la petite bastille et sa porterie ont leurs maçonneries achevées. — L'ancien rempart de la ville est conservé provisoirement comme clôture et comme défense au nord.

CHARLES VIII.

1483-1487. — Interruption dans les travaux, qui reprennent lentement. —1485. Les différentes parties de l'œuvre de Louis XI sont terminées, la porterie du boulevard de la ville est ouverte.

1487-1489. — Le chantier est ouvert de nouveau. — Fouilles et fondations de la courtine ouest et de la tour Guillaume.

1489-1491. — Continuation des maçonneries de la tour et de la courtine du côté de la porte Guillaume.

1491-1492. — On commence à fonder la courtine nord et la tour Saint-Martin. Les deux batteries souterraines sont achevées à la fin de l'année du côté de la campagne, la maçonnerie de la porterie monte rapidement. Le pont-levis et le pont dormant du boulevard de Dijon[77] sont définitivement établis. Des réparations sont faites au logement du capitaine du château, qui habitait la chambre au-dessus de la poterne de la deuxième porterie de la ville.

1493. — Continuation des fossés tout autour du château. — Achèvement de la maçonnerie de la courtine nord, celle de la tour Saint-Martin est poussée avec une grande activité. — Les deux logements de la garnison commencés en 1493 sont couverts et meublés à la fin de l'année. — Le grand puits est garni de sa margelle. — Le front nord étant achevé, on abat les anciennes murailles du XIIIe siècle conservées comme clôture provisoire et on égalise les terres dans l'intérieur de la place. — Quelques réparations sont faites à la tour Poinsard Bourgeoise, et comme on agrandit encore les fossés du côté de Dijon, on est obligé d'allonger le pont dormant qui relie la ville à la petite bastille sud. — Commencement des fondations des bâtiments de l'arsenal et de la poudrière. Trois lucarnes sont placées sur la tour Notre-Dame.

1494, — La peste sévit à Dijon, la Chambre des comptes se retire à Talant... les travaux sont interrompus.

1495-1496. — Réouverture du chantier. — On continue les terrassements, et l'on établit le talus de la contrescarpe des fossés. — Commencement des fondations du grand boulevard. — Le magasin et la poudrerie (bâtiment des moulins et four) sont terminés et couverts. — Achèvement de la grosse maçonnerie de la tour Saint-Martin.

1497. — On se contente d'achever les parties commencées et les travaux se ralentissent progressivement.

1498. — Interruption.

LOUIS XII.

1498-1501. — Reprise des travaux. — La tour Saint-Martin est couronnée et couverte. — Les maçonneries du grand boulevard s'élèvent rapidement ainsi que celles de la porte de secours. — Les maçonneries et fondations du logement du gouverneur sortent de terre et la chapelle est aussi probablement commencée.

1501-1510. — Interruption.

Mai 1510-1512. — Achèvement du grand boulevard de Louis XII et e la porte de secours, du logis du gouverneur et de la chapelle. — Remaniements à l'arsenal et à la poudrière.

Le château est terminé.

1513. — Siège des Suisses.

1514-1515. — Armement définitif des parties nouvellement construites du côté de la campagne, et mise en complet état de défense de la forteresse.

RESTAURATION DU CHÂTEAU DE DIJON

VI

PIÈCES JUSTIFICATIVES

(SE REPORTER A PLANCHES I — PLANCHE II)

ET

NOTES

RESTAURATION DU CHÂTEAU DE DIJON

1. *Registre du secret de la mairie de Dijon de 1594-1595 (page 49). Aux archives du département.*

2. *Registre du secret de la mairie de Dijon, 1477 (page 197).*

3. *Cette contribution produisit 47.158 livres 10 sols.*

4. *Jean Saumaire. Année 1493. Journées de manœuvre... A Guillemot de Maigny, etc. Pour avoir besoigné à journées au chastel de Diion, tant à servir les maçons et à desmolir le boulevart de pierre qui avoit été faict pour yssir d'iceluy chastel ès-champs avant que la closture d'iceluy feust faicte, comme à mettre à poinct les pierres et à passer les repous dudict boulevart, égaler les terres dedans la place, etc.*

5. *Jean Saumaire. Ouvrages de Verrier. A Pierre Changenet, la somme de 20 sols tournois à luy payés le IIIe jour d'aoust (1492) pour certains ouvrages de son mestier par luy faiz au logis du capitaine sur la poterne d'iceluy chastel devers la ville.*

6. *A Jean de la Croix d'or, etc. Pour charroyer les terres des curées tant pour faire les vuidanges du pan de mur où est la porte du cousté devers les champs que pour encommancer et fort avancer la curée de la nouvelle tour dudy cousté et du pan de mur tirant dicelle à l'autre tour devers la ville.*

7. *Traicté de pierres. A Jehan Penon, la somme de 86 livres, 3 sols 6 deniers tournois, pour avoir tiré et livré en leurs perrières pour employer à la tour dudict chastel devers les champs du cousté de la porte Fermerot, la quantité de 553 charretées d'orvaux. — Item, 237 charretées de pendants.*

8. *Philippe de Monstereul, etc. pour avoir ouvré et besoigné à journée au chastel de Diion à maçonner et faire les fondements de deux corps de maison joignant à la porterie devers les champs, etc.*

9. *Jehan Saumaire. 3e cahier, 1495. Charroy de la perrière de Renne au chasteau, d'orvaux et de pierre plate pour employer à l'avant mur du pan devers la porte Guillaume et aultres ouvrages, etc.*

10. *Procès-verbaux de chevauchée des Trésoriers de France, 1559. Procès-verbal de chevauchée de Jean Peyrat, chevalier, conseiller du Roy, Trésorier de France en la généralité de Bourgogne. Fol, 87. Procès-verbal de visite des bâtiments et fortifications de Dijon en présence du duc d'Aumale, gouverneur de la province.*

11. *Ibid. Fol. 92.*

12. *Procès-verbal de chevauchée de Lazare de Souvat, conseiller, maître à la chambre des comptes de Dijon. Aux archives du département. C. 2141, fol. 17.*

13. *Registre des délibérations du conseil de la ville de Dijon de 1594-1595 (pages 38 à 40). Archives du département.*

14. *Registre des délibérations du conseil de la ville de Dijon de 1594-1595 (page 49). Archives du département.*

15. *Ibid., page 51.*

16. *Mémoires, page 149.*

17. *Estat des ouvrages que le Roi veut et ordonne estre faits au chasteau de Dijon pendant les années 1725-1743. (Liasse C, 183, aux archives du département.)*

18. *Girault, Essais historiques sur Dijon, 1814.*

19. *Peignot, Détails historiques sur le château de Dijon, 1832.*

20. *Des souterrains reliaient, dit-on, le château de Dijon à celui de Talant. Cette hypothèse paraît peu vraisemblable, vu la distance et la nature du terrain : on n'en a d'ailleurs trouvé aucun vestige.*

21. *La restauration des remparts et des tours de Dijon est l'objet d'une étude spéciale, complément naturel du château.*

22. *PREUVE 1re. — A Jehan Cheneray et Loys de la Colonge, pionniers du pays de Beaujolais, la somme de... pour avoir besoigné de pionner et couper roche et curées de la deuxième tour du dit chastel de Dijon, du cousté devers les champs et du pan de mur tirant d'icelle à l'autre tour devers la ville, etc. (comptes de Jehan Saumaire, année 1491, curées et charroy de bethun).*

23. *Voir note n° 2.*

24. Ce passage voûté existait encore il y a une quinzaine d'années ; il est fort clairement indiqué et avec tous ses détails dans une jolie petite eau-forte représentant le dessous du pont du château, eau-forte que M. le docteur Marchand a bien voulu me communiquer.

25. La description des ouvrages de serrurerie de ces pont-levis s'applique à ceux de la deuxième porte, du côté de la campagne, aujourd'hui démolie ; mais le système de fermeture de la porterie de la ville est absolument semblable.

PREUVE 2e. — Ouvraiges de fer. — A Pierre Richart serrurier demourant à Dijon... pour les parties qui s'ensuivent à sçavoir : ... item quatre liens, huit chevilles, seize clous, deux clavettes perdues, deux contrebandes et tourillons mis et assis en la dyte planchette... — Item hune anse de panier et trois chaynes de fer mises en la dyte planchette. — Item douze lyens de fer. — Item vingt-deux chevilles à clouer les dyts liens. — Item deux gros barreaulx de fer mis en la vanne et bascule dudy pont-levis. — Item huit empoises sur quoy posent et sont assis les tourillons des vannes et bascules des ditz pont-levis et planchette du dyt Chastel. — Item deux grosses chaînes de fer mises au dict pont-levis. — Item trois chaynes de fer mises et assises ès dites bascules des dicts pont-levis et planchette pour les monter et tirer. — Item quatre platines de fer à couvrir les dictes empoises sur quoy posent les dycts tourillons et planchette d'icelui chastel. — Item deux grosses serrures mises et assises en la dicte porte, et une autre serrure mise au dict guichet (comptes de de Jehan Saumaire, année 149).

26. Dictionnaire d'architecture, vol. 7, article Porte, page 364.

27. Un plan et un pastel que M. le docteur Marchand a bien voulu me communiquer m'ont fourni quelques données sur ces parties.

28. PREUVE 3e. — Couverture du dict chasteau. — Faut recharger le toit de la chapelle et le clocher, ou il fauldra bien un cent d'ardoises (procès-verbaux des trésoriers de France, folio 87).

29. PREUVE 4e. — On pave et on replâtre le grenier à gauche après la deuxième porte, le blé se pourrit ; dans un autre grenier proche du premier, il faut percer une fenêtre du côté du soleil levant pour ce que le blé se pourrit (C. 2.155, années 1580-1581). — Procès-verbaux de Chevauchée des trésoriers de France, folio 66 (réparations faites aux châteaux de Dijon et de Saulx-le-Duc).

30. PREUVE 5e. — Pour réparer une partie des murs du gouvernement qui tombent en ruine, pour restablir la charpente, etc. 2.548 livres. — (Estat des ouvrages que le Roy veult et ordonne estre faicts au chasteau de Dijon pendant l'année 1726.) Liasse G. 183, aux archives du département.

31. PREUVE 6e. — Item deux paumelles, deux gonds, une serrure à bosse garnie de verroul et clé mis en hune aultre trappe en une tour vieille estant en la muraille de la Ville, du cousté devers le bourdeau ou l'on met les larts pour la provision du dict chastel (Jehan Saumaire, année 1493... Ouvraige de serrurerie).

32. PREUVE 7e. — A Jehan Alain, blanchisseur demourant à Dijon, la somme de soixante-dix livres treize sols sept deniers ung tiers tournois, pour avoir faiz et parfaiz de son mestier au dict chastel de Dijon en deux corps de maison estan près de la porterie devers les champs, les ouvraiges cy après déclairez, c'est à sçavoir : le premier mesuraige du pan du premier corps de maison faiz du cousté devers la porte Guillaume, à prendre du long du premier estaige d'en bas, contient de long six toises trois quars demi, et de hault une toise ung poulce, revenant à toise quarrée, sept toises ung tier, qui, au feur de trois sols quatre deniers tournois la toise, vallent vingt-quatre sols cinq deniers. — Item l'aultre pan servant au second estaige de la dicte maison et de semblable haulteur, vault semblable prix de vingt-quatre sols cinq deniers. — Item pour l'ouvraige faiz en la pille du dict corps de maison ou sont les quatre chemynées, luy a esté compté huit toises... — Item les quatre tendues faisans cloison des chambres du dict crops de maison des deux premiers estaiges, contiennent en tout huit toises qui sont torchées et rencontrées, enduictes et blanchies... — Item les deux tendues faisans séparacion des greniers... — Item le plancher du grenier de la dicte maison qui est chargé, rencontré et enduict et blanchi par dessoubz, contient de long sept toises et de largeur trois toises ung quart y compris ce qu'il a torché, enduict et blanchy en la saillie du toit dessus la galerie du dict corps de maison.

33. PREUVE 8e. — Item en le pignon ou sont les deux chemynées du cousté devers la porte du dict Chastel qui sont à bandes de gré contient par dedans ramenées à toises quarrées, six toises, et par le dehors d'ycelui pignon qui est... de maçonnerie à cause des chemynées y estans, ensemble lesquelles qui sont enduictes et enrochéez a esté compté pour trois toises demye ramené au quarré.

34. PREUVE 9e. — Item l'aultre pignon de la dicte maison faiz en façon d'un pavillon, enduict et enrochy par dehors et enduict et blanchy par dedans comme le précédent, est compté pour cinq toises ung tiers.

35. PREUVE 10e. — Item le pan de bois du dict corps de maison devers la galerie contient de long sept toises et de hault depuis la seulle jusques au-dessus d'iceluy pan deux toises sept poulces qui est une partie gallande et le surplus torché et rencontré, et le tout enduict et blanchy à blanc de bourre des deux coustés, revenant à toise quarrée, quatorze toises et demye...

36. PREUVE 11e. — A Perrot Baron lembroisseur... pour avoir faiz et livré au chastel les ouvraiges de son mestier cy après déclairés, assavoir trois planchers d'ayz neufz estans près la porterie devers les champs du cousté de la porte Guillaume... — Item le planchier de la gallerie estant au dict corps de maison... Item pour six huyz estans au dict corps de maison à sçavoir : trois en hault et trois en bas... Item avoir faiz les fenestres de six croisées, tant hault que bas... Item une fenestre faicte en la chambre basse du milieu servant à une canonnière. (Charpenterie, Année 1493.)

37. PREUVE 11bis. — 1o. Pour paver à bain de ciment le rempart de massonnerie contre lequel sont appuyées les casernes : 300 livres. — (Estat des ouvraiges que le Roy veult et ordonne estre faiz au Château de Dijon, pendant l'année 1739). — 2o. Pour crépir la face de deux corps de cazernes qui sont appuyées contre le rempart : 100 livres. — (idem année 1736). Aux Archives du département (Liasse G. 183).

38. PREUVE 12e. — Item pour avoir faict vint quatre fenestres en six croisées entières estans en six chambres du dict corps de maison tant haultes que basses. Item six huyz. Item une fenestre servant à une canonnière estant en une chambre basse du dict corps de maison. Item deux aultres fenestres au pignon de la dicte maison devers la porte au Fermerot. — (Suite de la Charpenterie, 1493.)

39. PREUVE 13e. — A Pierre Richard, serrurier, pour avoir faict et livré pour le dict Chastel de Diion les ouvraiges de son mestier cy après déclairés ; assavoir : vint quatre paumelles, vint quatre gonds, vint quatre crampons mis en douze huysseries estant ès deux corps de maisons faiz dedans le dict Chastel près la porterie devers les champs. Item douze serrures à ressort mises ès huysseries, garnie chascune serrure de deux clefs. Item soixante douze paumelles, soixante douze gonds, soixante douze crampons ; trante six verroulx et trante six verroillières mises et assises en trante six fenestres estans ès dictz deux corps de maison. Item huit aultres paumelles, huict gonds, huict crampons mis en quatre aultres fenestres des dictz corps de maison dont il y en a deux canonnières estans au pan de mur devers les champs et les aultres, l'une basse et l'aultre haulte au pignon de bois devers la porte au Fermerot.

40. PREUVE 14e. — Au dict Jehan Alain, blanchisseur... Pour avoir pavé de pavement rouge, six chambres, trois haultes et trois basses estans au corps de maison nouvellement faict près la Porterie devers les champs du cousté de la porte Guillaume, chascune chambre contenant cinq toises deux tiers. — Item avoir pavé la galerie de la dicte maison contenant trois toises ung quart. — Item en l'aultre corps de maison devers la porte Fermerot, a semblablement pavé six chambres contenant chascune chambre cinq toises ung tiers. Item la gallerie du dict corps de maison devers la porte au Fermerot.

41. Voir n° 40 ; Preuve 14e.

42. PREUVE 15e. — Item avoir faict les moslures de quatre chemynées estans ès dictz corps de maison. Item quatre tables enormes garnies de tresteaulx. — Item deux tables à quatre pièz. — Item vint longues selles pour servir au long des dictes tables. — Item pour avoir dessemblé, redressé et mys à poinct huict chaslis estans ès dictes chambres et avoir rougné, estroissée et mise à point la porte qu'on avait faicte ès foussés devers la Porte Guillaume pour yssir aux champs les tombereuax qui menoient le bethun des curés d'ycelui chastel.

43. PREUVE 16e. — Et le mesuraige de l'aultre corps de maison à le prandre de la haulteur, largeur et longueur du précédent corps de maison, reviendroit à semblable somme, mais pour ce qu'il n'est pas si long que le dict précédent d'environ ung tiers de toise, l'on rabat cy une toise ung quart du dict ouvraige.

44. PREUVE 17e. — (Ouvraiges de couverture.) A Guillaume Mougin... etc. La somme de sept livres, treize sols neuf deniers pour avoir couvert de thieulle rouge le premier des deux corps de maison faiz au dict chastel près la porterie devers les champs estans du cousté de la Porte Guillaume. — A Guillaume Mougin, pour avoir couvert de thieulle rouge le deuxième corps de maison faict au dict chastel près la Porterie devers les champs...Item pour avoir mis et assis les chanettes des dictz corps de maison... (Jehan Saumaire).

45. PREUVE 18e. — 1o. Faut descouvrir entièrement la dicte tour Saint-Martin pour relever le comble qui est faulsé tout à l'entour et y mettre seize chevrons garniz chascun de leurs empannons. — (Charpenterie. — Procès-verbal de visite des Bâtiments et Fortifications du château de Dijon en présence du duc d'Aumale, pouverneur de la province. — folo 87. Années 1559-1560). — 2o. La Tour Guillaume, la fault recharger et recouvrir ou il faudra bien cinq cens de thieulles. — 3o. La Tour Notre-Dame, la fault recouvrir et recharger ou il faudra bien quatre milliers de thieulles (id. Folo 92). — 4o. Réparations à la toiture de la Tour Saint-Martin, pour ce que la dicte couverture est enfoncée par la foiblesse de sa charpenterie en très grand danger de venir en bât. (Réparations ordonnées à la forteresse du chastel de Dijon. — G. 2141. Année 1566, folo 17. Aux archives du département). — 5o. A Guillaume Mougin... etc. Avoir fourny et assis trois yeulz de bœuf ou Lucarnes estans sur la Tour devers la Porte au Fermerot du cousté devers la ville. — (Jehan Saumaire. Ouvraiges de couverture. Année 1493).

46. Voir planche 9.

47. Les infiltrations du fossé et les eaux pluviales qui tombent goutte à goutte, d'étage en étage, en pénétrant à travers les voûtes jusque dans la salle basse de la tour Notre-Dame, l'ont transformée en une véritable citerne. — C'est dans cette pièce, qui ne reçoit d'air et de lumière que par les ouvertures des bouches à feu, que La Planchette avait fait enfermer les soldats qu'il croyait vendus à Millotet. Les malheureux avaient de l'eau jusqu'au ventre lorsque le jardinier du château entendit leurs gémissements. Depuis cette époque, grâce à la démolition des tours, le niveau des eaux a singulièrement monté.

48. Le vray pourtraict de la ville de Dijon. — Geometrice depinxit Edouardus Bredin. 1774.

49. Voir n° 45 ; Preuve 18e.

50. L'œil qui existait alors au sommet de chaque voûte n'était pas suffisant pour permettre d'introduire des pièces de gros calibre, aussi son diamètre fut-il alors considérablement augmenté pour les batteries supérieures : l'ouverture des batteries basses fut conservée sans modification.

51. *L'épaisseur de la voûte du dernier étage des tours était de 3 mètres depuis l'intrados jusqu'à la naissance du terre-plein de la galerie supérieure. (Rapport des Officiers du génie, 1788.)*

52. *Voir n° 45 ; Preuve 18e.*

53. PREUVE 19e. — Item deux treillis de fer mis en deux grandes fenestres pour donner jour aux deux voultes et estaiges de la Tour devers les champs du cousté de la Porte au Fermerot, à sçavoir : chascune fenestre quatre montans et huict traversans. — Idem dix gonds mis en quatre huysseries de canonnières et une huysserie de retraiz estans en la Nlle voulte et estaige de la dicte Tour... (Ouvraiges de Serrurerie. — Jehan Saumaire. Année 1493).

54. *Voir n° 53 ; Preuve 19e.*

55. *Il ne reste aujourd'hui que fort peu de ces écussons, encore sont-ils mutilés : la plupart ont été brisés à plaisir ou jetés pêle-mêle avec les décombres dans les fossés lors de la démolition de 1870.*

56. *Compte de chevauchée des Trésoriers de France, aux Archives du département.*

57. PREUVE 20e. — Quant aux galleries qui sont alentour des murailles du dict chasteau, magasins et fours qu'il faudra rechanger entièrement, il y fauldra bien vingt milliers de thieulles.

58. PREUVE 21e. — Charpenterie. En la gallerie sur la muraille du cousté de la Porte Guillaume, fault une colonne, ung vollet, deux arbalestriers, un bouchot et deux sablières pour ce que ceulx qui y sont sont pourris et gastés..

59. PREUVE 22e. — En la muraille du fort du dit chasteau il y a une fenestre regardant à la Porte Guillaume qu'il fault reffaire, pour ce que la Lucarne tombe et va à la vallée. — (Procès-verbaux de chevauchée des Trésoriers de France. 1559-1560. Procès-verbal de chevauchée de Jehan Peyrat, chevalier, conseiller du Roy, Trésorier de France en la généralité de Bourgogne, folo 87. Procès-verbal de visite des Bâtiments et Fortifications du chasteau de Dijon en présence du duc d'Aumale, gouverneur de la province).

60. *Voir n° 58 ; Preuve 21e.*

61. *Voir n° 25 ; Preuve 2e.*

62. PREUVE 23e. — A Pierre Richard, serrurier, demourant à Dijon... pour les parties qui s'ensuyvent. Assavoir : quatre gonds mis et assis en une faulse poterne qui est faicte en ung pan de mur devers les champs pour saillir gens ès foussés du dict chastel... Jehan Saumaire. Année 1491-1492. Ouvraiges de fer).

Cette porte était sans doute une des deux issues faisant communiquer la 1re batterie souterraine de la place avec la galerie inférieure du boulevard.

63. C'est sans doute par cette issue que s'échappa Mirabeau.

64. C'est dans cette pièce que gisaient pêle-mêle les panneaux du beau plafond sculpté par Dubois avant sa restauration et sa mise en place dans l'une des salles du Palais de justice.

65. Voir planche 8 et perspective cavalière.

66. PREUVE 24e. — Ouvraiges d'officiers touchant le Chastel de Diion seulement. — Gaiges de Jehan Saumaire... — A Jehan du Grès contrerooler... 100 livres tournois. — A Jehan Morrissier, maître des œuvres de maçonnerie du dict chastel de Diion et aultres ouvraiges du dict mestier en Bourgongne, vint sols par jour et frais de voyage pour venir de Moulins (Année 1491). — Année 1493. — Despense commune. — Gaiges d'officiers. — Gaiges de Jehan Saumaire 11 deniers pour livre. — Jehan du Grès, contrerooler... — Jehan Morrissier, maistre des œuvres de maçonnerie, trois cents soixante cinq livres tournois à vingt sols par jour. — Année 1495. — Gaiges d'officiers : A Jehan Saumaire, néant. Jehan du Grès contrerooler... Cent livres tournois. Jehan Morissier, maistre des œuvres de maçonnerie, la somme de cinquante deux livres tournois pour ses gaiges de vingt sols par jour. — A Jehan le Nourrissier, maistre des œuvres, la somme de sept vints livres tournois pour avoir esté sept mois continuellement et résidé ès pais de Bourgogne et vacqué à la conduite des ouvrages du dict Chastel, lesquels au feur de vingt livres tournois que noble et puissant seignr Monseigneur le Mareschal de Baudricourt, lieutenant Gal et gouverneur pour le Roy N. S. à tauxés et ordonnés au dict Jehan Nourrissier pour ses gaiges et vacquacions de chascun mois, et ce sans préjudice ou diminucion des gaiges du dict Jehan le Nourricier pour le temps à venir..

67. PREUVE 25e. — Année 1493. A Perrenot Boudier, marchant hostelier, demourant à Diion, la somme de quatre vingt livres tournois pour la pierre, bois, couverture et aultre à traict d'une grange et d'un appentiz estans sur le derrière de l'ostel ou pend pour enseigne l'Escu de Bourgogne appartenant au dict Boudier, ensemble de trois murs qui faisoient closture du jardin du dict ostel, lesquelles granges, appentiz et murs l'on démolissoit lors pour faire place et mettre les terres des foussés devant le dict chastel. — Tauxacions. Voiages et Depense commune. — Aux nommés cy après, la somme de quarante huit livres tournois, à sçavoir : aux honorables hommes Maistres Nicolas Bonnefeu et Blanchart cent sols tournois... etc., pour leurs journées, vacacions par eulx faictes au toisement des maisons, héritaiges, jardins et aultres choses prinses pour faire les fossés du dict chasteau, et à Gasterault vingt-six jours y compris pour le dict Gasterault les escriptures de trois cayers de papier pour mettre et rédiger par escript les dicts toisements (Année 1495).

68. PREUVE 26e. — Années 1491-1492. Curées et charroys de béthun. — A Philippe Ferrant, mareschal. Pour faire les curées des fondements devers les deux pans de mur et de la deuxième et dernière Tour du dict Chastel du cousté devers les champs, et à sçavoir : quatre vingts dix neuf réchaussures de picqs, rafféreures de picqs, poinctes de picqs aguisez, tauxés par les dessus dits ouvriers à un Niquet chascune pointe ; pour la ferrure de ung camyon à trois roues, etc. — Item coings de fer à fendre roche et curées... en laquelle (somme) ne sont pas comprins aultres ouvraiges faits par le dict Philippe Ferrant ou temps dessus dict pour le faict de la perrière de Renne ou l'on a tiré de la pierre pour Jehan Chastel aux journées du Roy. N. S. — Ouvraiges de roulier. — Achat de camyons, engns, oiseaulx, roues, etc. Item un engin à tirer la terre d'ung puys, second que l'on faict ou dict chastel... Achat de hotes et aultres choses pour la Perrière. — Achat de clayes pour chaffaulder.

69. PREUVE 27e. — Années 1491-1492. Charpenterie, Lembroiserie et Couverture. — A Perrin Brullebault, etc. Recouvreurs qui vacquèrent à couvrir de loische la loge des maçons de nouvel refaicte devant le dict chastel, quatorze journées. — Achat de bois essecarré... — A Estienne Buzenet la somme de trente-sept sols tournois pour la quantité de dix neuf cheurons par luy livrés au dict chastel de Dijon pour servir à la loge des maçons. — Achat de bois rond. — A Jehan le Roy et Amyot, la somme de douze sols six deniers tournois pour deux voictures de bois rond par eulx amenées pour servir à la loge des maçons lors refaicte devant la 2e Tour devers les champs. — Année 1493. — A Pierre Richard, serrurier... etc.

Avoir mis à poinct la serrure d'une porte qui avoit servi au boulevard desmoly dedans le dict chastel, laquelle a esté mise et assise en une poterne faicte ès foussés du dict chastel par où l'on tire ès champs la terre des curées, etc. — ... etc.

70. PREUVE 28e. — Années 1491-1492. Achat de channettes. — A Thibault frère Jacques, recouvreur, demourant à Dijon, la somme de trente trois sols tournois pour la vente d'une channette de quarante à cinquante piés de long, par luy livrée au dict chastel pour servir à faire couler le mortier du hault en bas ou besoigneront les maçons, etc.

71. *Comptes, années 1491-1492.*

72. PREUVE 29e. — Année 1493. Charroy de pierres. — A Guillaume Pirart, etc., voicturier par terre, la somme de ... pour avoir amener et faict amener de la perrière de Renne à leurs charrettes et chevaulx et descharge en la place près du dict chastel, pour employer au pan de mur devers la Porte au Fermerot depuis le 1er jour d'octobre 1493 jusqu'au XIIIe jour de décembre en suivant la quantité de 989 membres de pierre. — A Jehan Xarten... etc., pour avoir amené, etc. pour employer en la Tour devers les champs du cousté de la Porte au Fermerot, la quantité de trois mil quatre cens dix membres de pierre... Item à amener de la dicte Perrière de Renne et aultres de muron la quantité de 1171 charretées d'ornaulx. Item 259 charretées de pendants et 7958 charretées de pierre plate.

Cette carrière est située derrière les Chartreux.

73. PREUVE 30e. — Pierres blanches. Années 1491-1492. — A Jehan Arbelot, perrier, demourant à Asnières, la somme de quatre livres tournois, pour avoir durant les mois d'Aoust et Septembre 1492, tiré et livré en la Perrière du dict Asnières pour employer à faire les armoyeries estans sur la porte du dict chastel du cousté devers les champs et aultres ouvraiges en ycelui chastel. — A Jehan Arbelot, perrier, demourant à Asnières, la somme de quatre livres tournois, pour avoir durant les mois d'Aoust et Septembre 1492, tiré et livré en la Perrière du dict Asnières pour employer à faire les armoyeries estans sur la porte du dict chastel du cousté devers les champs et aultres ouvraiges en ycelui chastel.

74. PREUVE 31e. — A Guillemin Coustain, perrier dYs-sur-Thille et Estienne Chanont de Gemeaulx, maçon, la somme de onze francs par marché à eulx faict par Messeigneurs des Comptes de Dijon... pour avoir livré à leurs frais, missions et

despens de la pierre de la perrière du dict pais, les margelles ou marchepiez d'environ ung pié de gros ou espès pour servir à estre employées à la perfection du puys que l'on a faict au dict Chastel et au surplus selon qu'il a esté nécessaire et que la rondeur du dict puys l'a requis et aussi que le mosle qui leur fut baillé en faisant le dict marché le contenait. —(Année 1493. Charroy de pierres.)

La pierre de Gemeaux, dont il est fait mention ici, provenait d'une carrière de pierre dure qu'on n'exploite plus, et non des bancs tendres employés encore maintenant.

75. PREUVE 32e. — Année 1495. — Menues parties. — Pierre à feu de Fontaines, pour servir à faire le four du dict chastel..

76. PREUVE 33e. — Année 1493. Maçonnerie du dict Chastel. — A Philippe de Monstereul, etc. pour avoir taillé bien et duement pour employer ès ouvraiges du dict chastel de Dijon les quantités et espèces de pierres cy après déclairées, c'est à sçavoir : carreaulx à bosse tant ronds pour la darrenière Tour devers les champs taillez entre quatre traicts de cyzeau que droiz, pour le pan de mur taillez entre quatre traicts de cyzeau aussi à bosse, en talu et à l'escarre, contenant chascun deux piez et demi de long et ung pié de hault. — Item pour les huysseries des canonnières, trente quatre piez de crosse et de haulteur, six taillés à la broche entre quatre traicts de cizeau, garniz de leurs escoinsssons et une couverte d'huysserie de canonnière vault six sols tournois. —Item pour l'enchappement du talu de l'avant mur semblable à celuy qui est despieca faict taillé à la bretteure et pour les talus dessus les dicts enchappements, taillés à la broche entre quatre traits de cyzeau...

77. *Ce n'est que sous Louis XII qu'un pont fixe de pierre fut établi de ce côté à la place du pont de bois.*

FIN

VII
PLANCHES

I. PIÈCES JUSTIFICATIVES, PLAN GÉNÉRAL DRESSÉ PAR LES INGÉNIEURS ROYAUX EN 1788.

II. DÉTAILS.

III. ÉTAT ACTUEL, CÔTÉ DE LA VILLE.

IV. PLAN GÉNÉRAL RESTAURÉ.

a. Tour Guillaume.

b. Tour Saint-Martin.

c. Tour Saint-Bénigne.

d. Tour Notre-Dame.

e. Boulevard Louis XII.

f. Boulevard de la ville.

G Première porterie de la ville.

h. Deuxième porterie de la ville.

i. Porte de campagne.

k. Porte de secours.

l. Logement du gouverneur.

m. Cuisines.

n. Chapelle.

o. Magasins d'artillerie.

pp. Poudrières et dépôts de boulets.

q. Remises et magasins.

rr. Logements de la garnison.

s. Tour du XIIIè siècle, Poinsard Bourgeoise.

V.	PLANS DU SOUTERRAIN ET DU PREMIER ÉTAGE.
VI	RESTAURATION, CÔTÉ DE LA VILLE.
VII.	CÔTÉ DE LA CAMPAGNE.
VIII.	COUPE LONGITUDINALE.
IX.	DEUXIÈME PORTERIE DE LA VILLE RESTAURÉE.
X.	BOULEVARD LOUIS XII, PORTE DE SECOURS RESTAURÉE.
XI.	TOUR DE NOTRE-DAME ET SA GUETTE, BOULEVARD LOUIS XII.
XII.	ÉTAT RESTAURÉ, CÔTÉ DE LA CAMPAGNE.

CHÂTEAU de DIJON.

Fac-Similé d'un plan dressé par les Officiers du Génie en 1788.

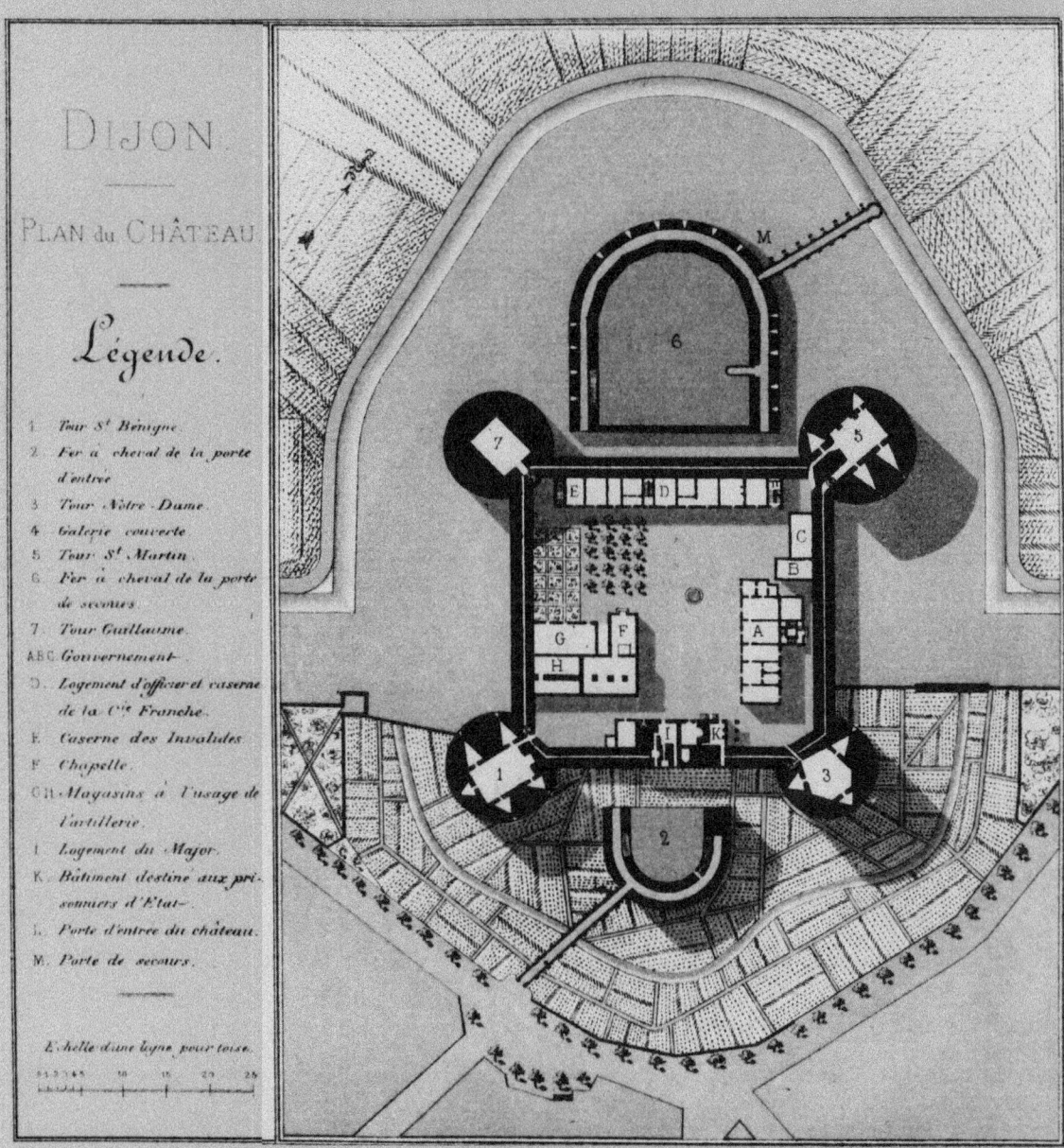

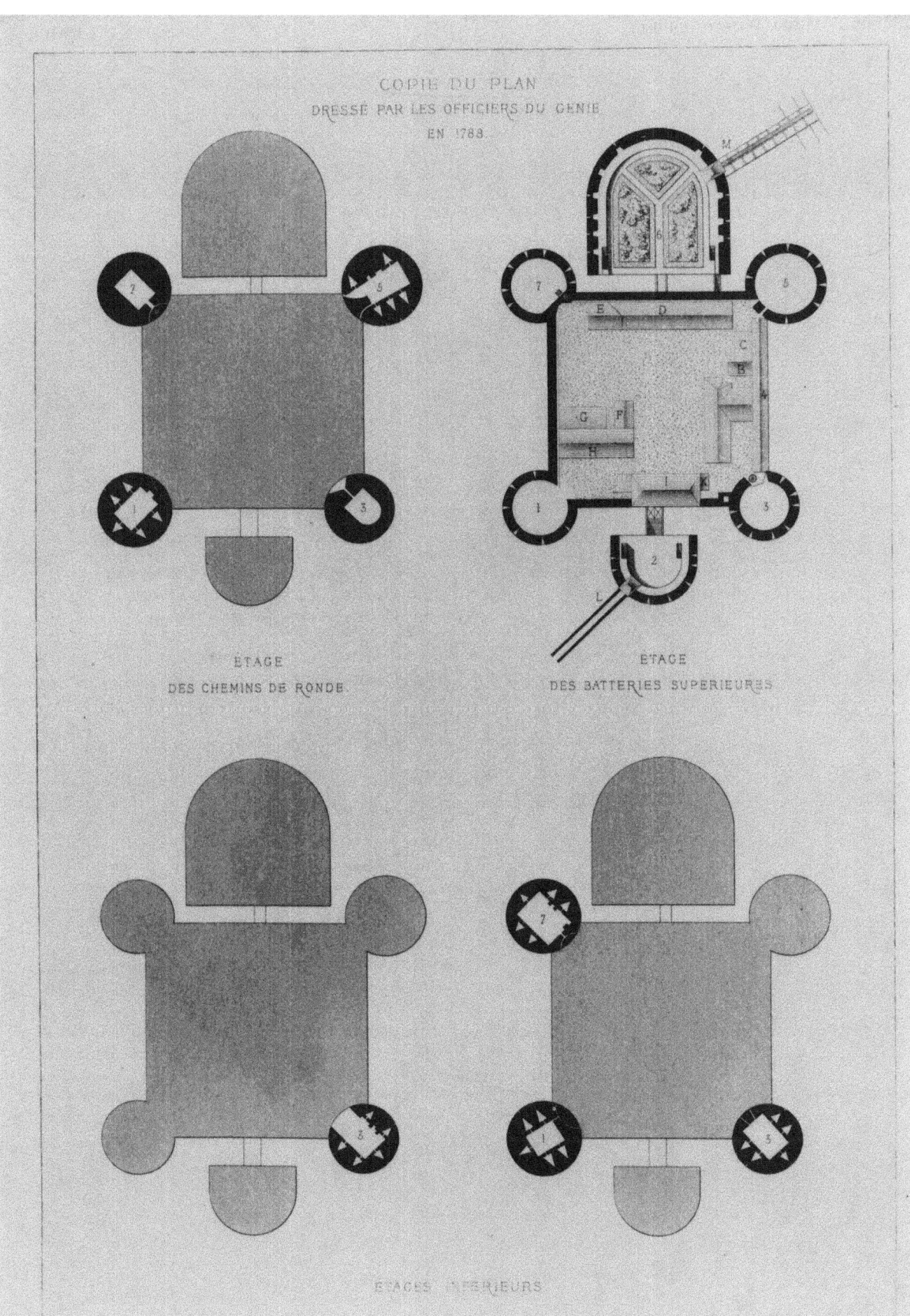

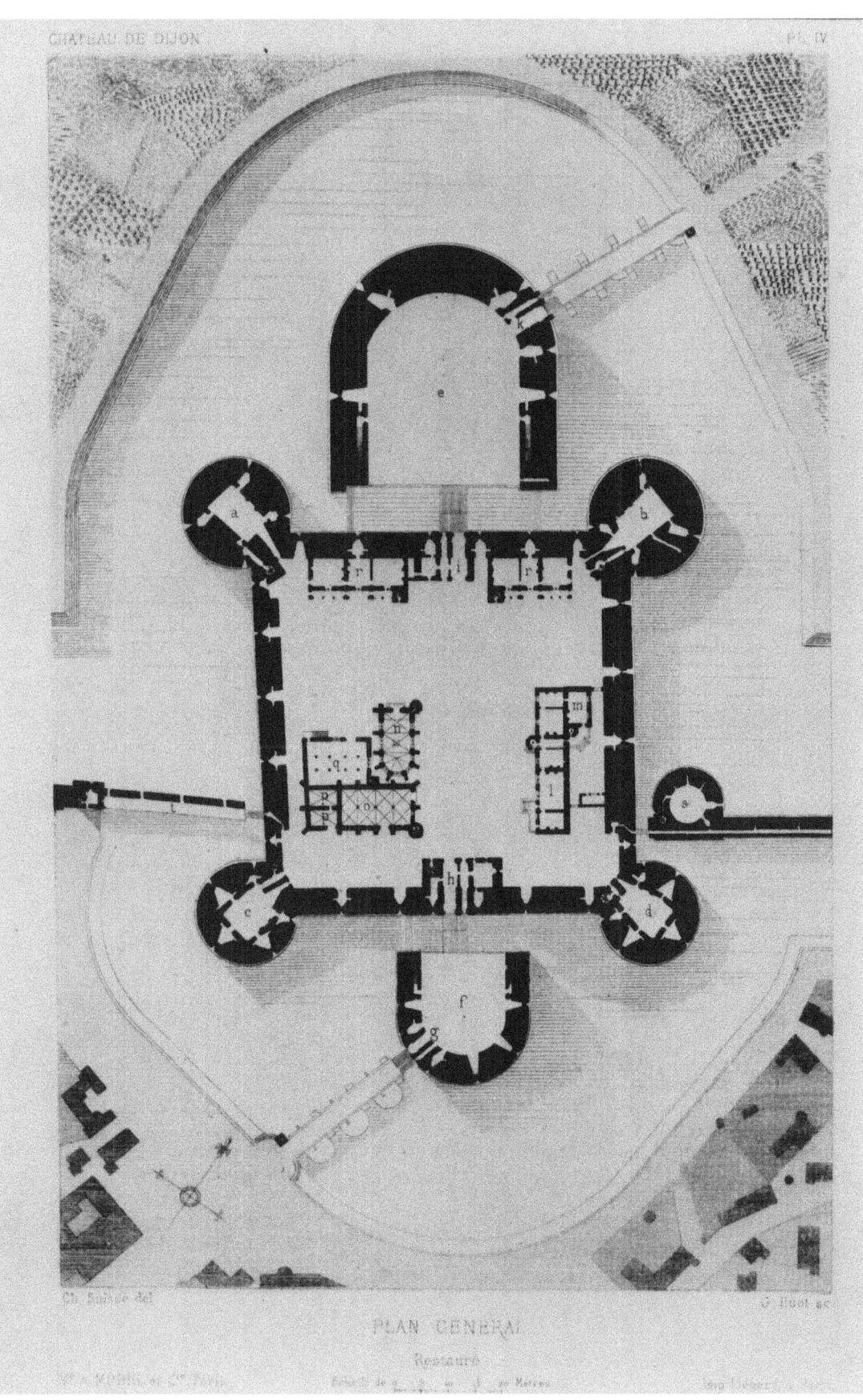

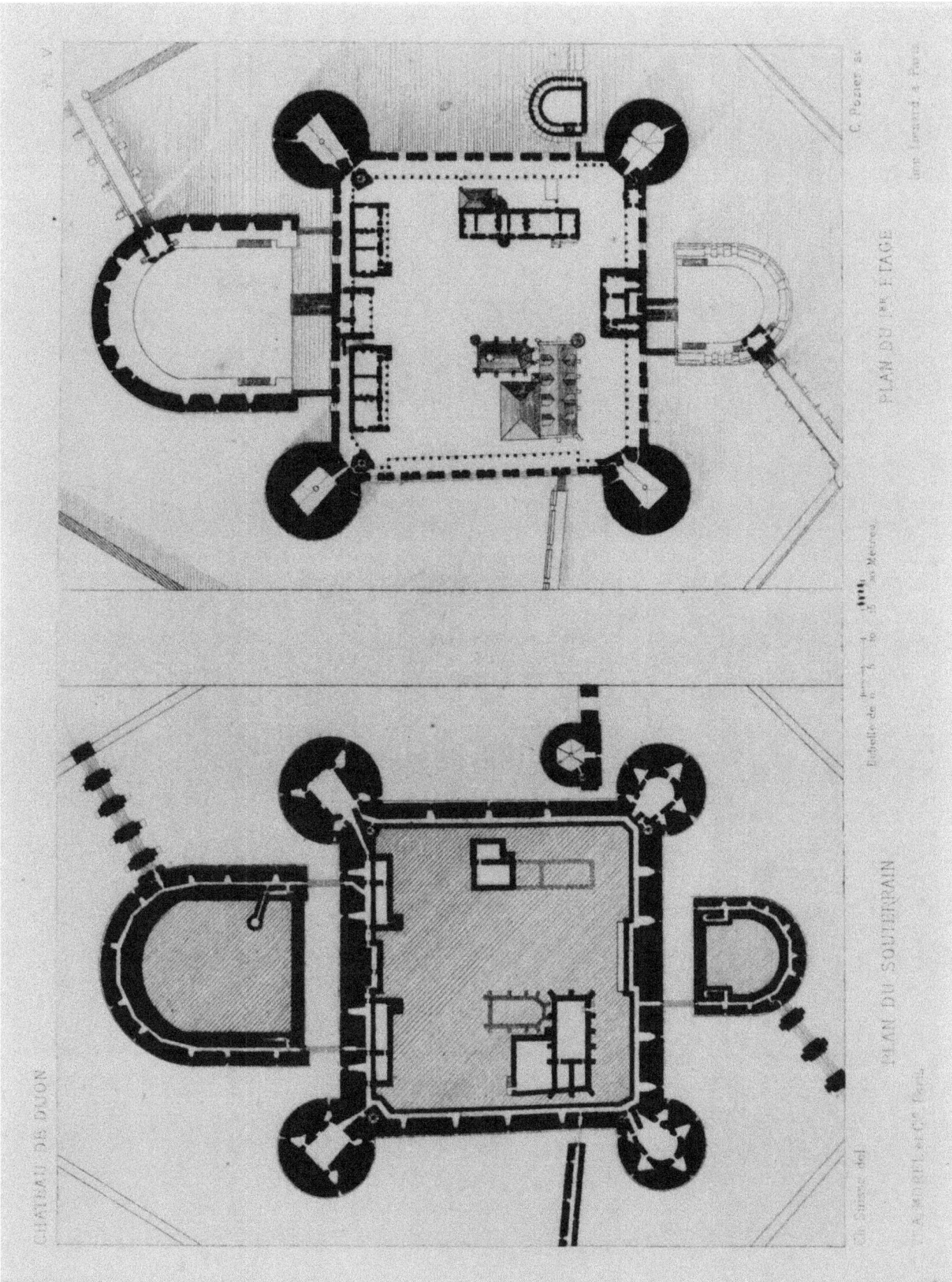

VII

VIII

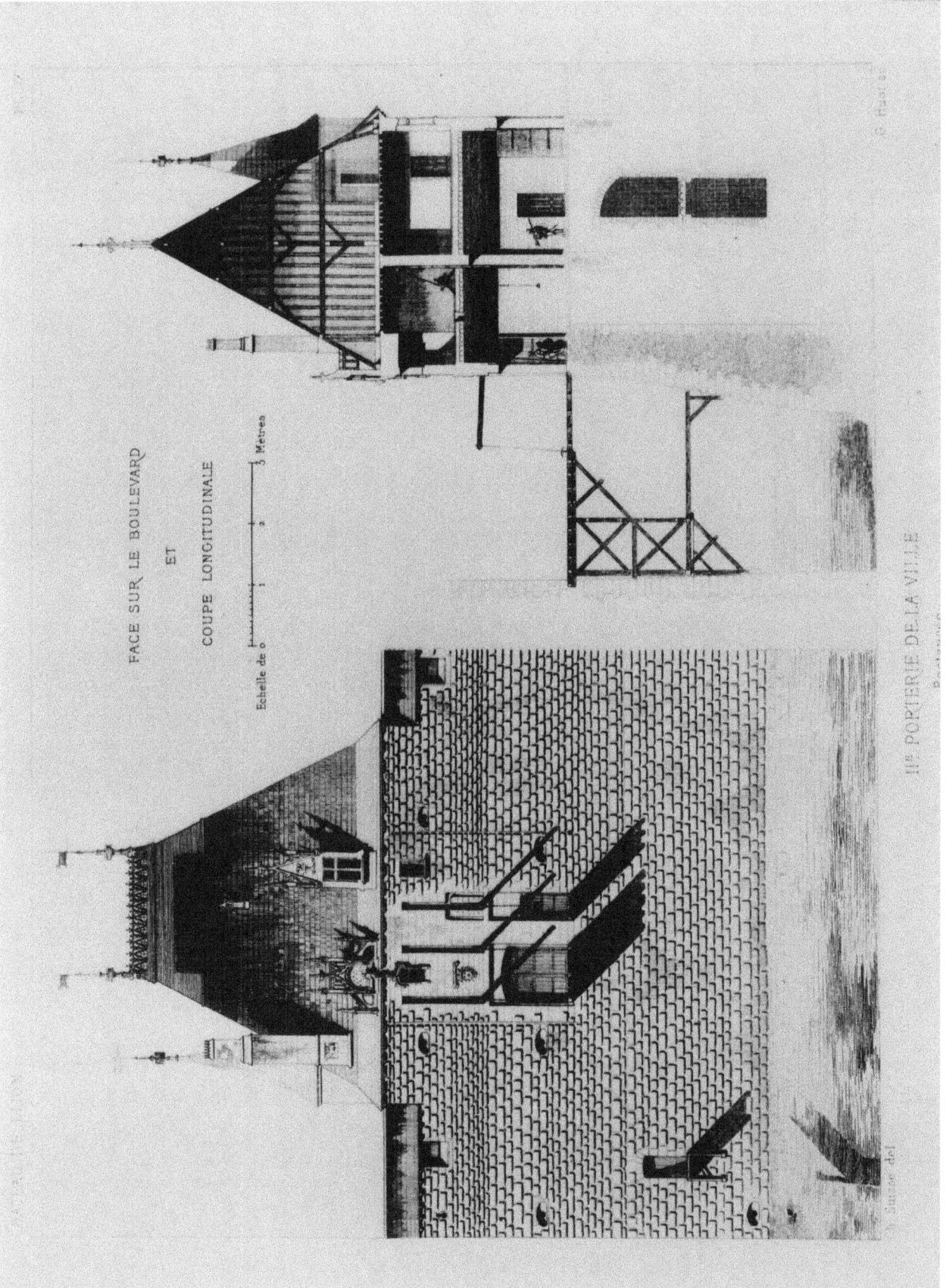

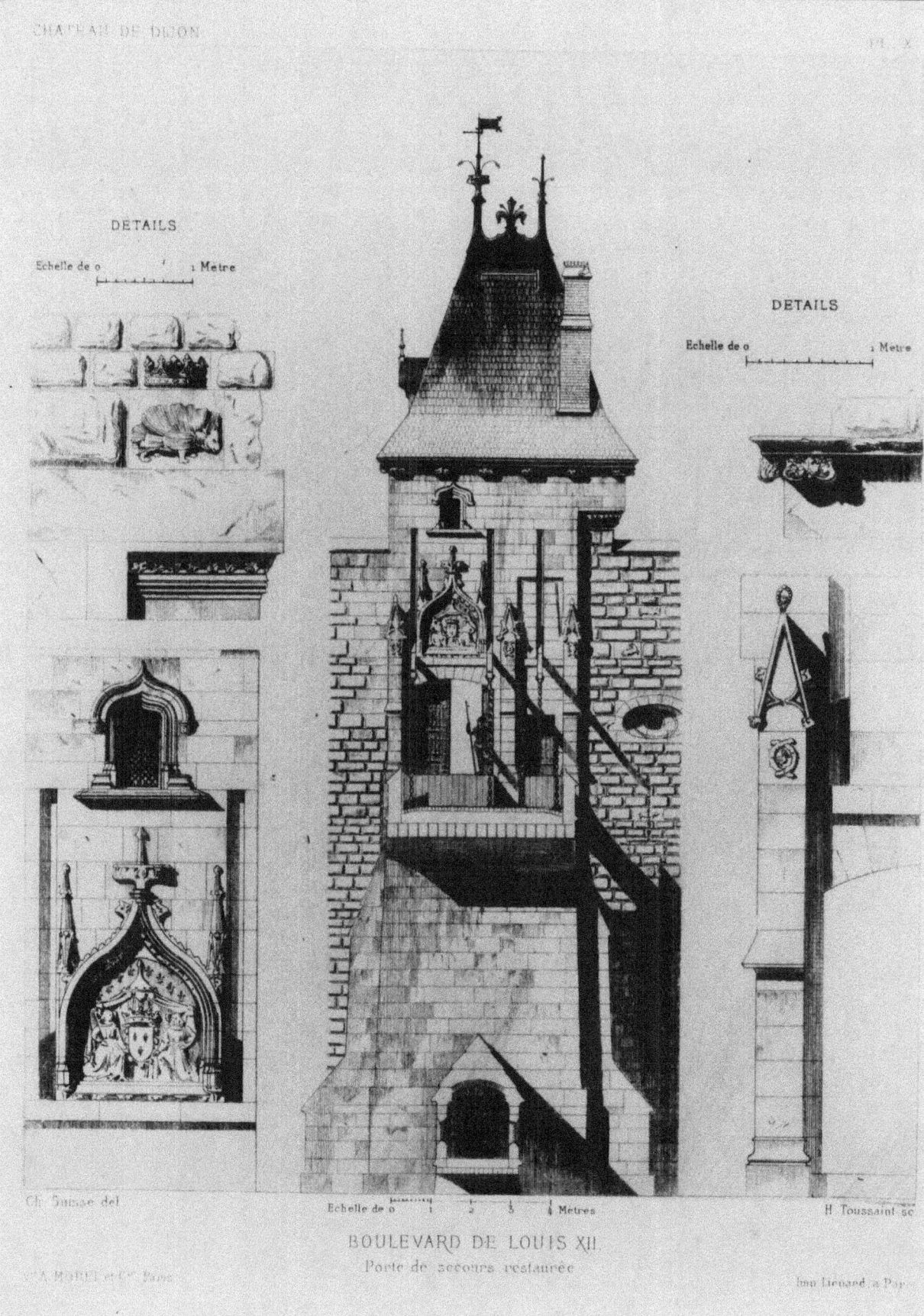

BOULEVARD DE LOUIS XII.
Porte de secours restaurée

X

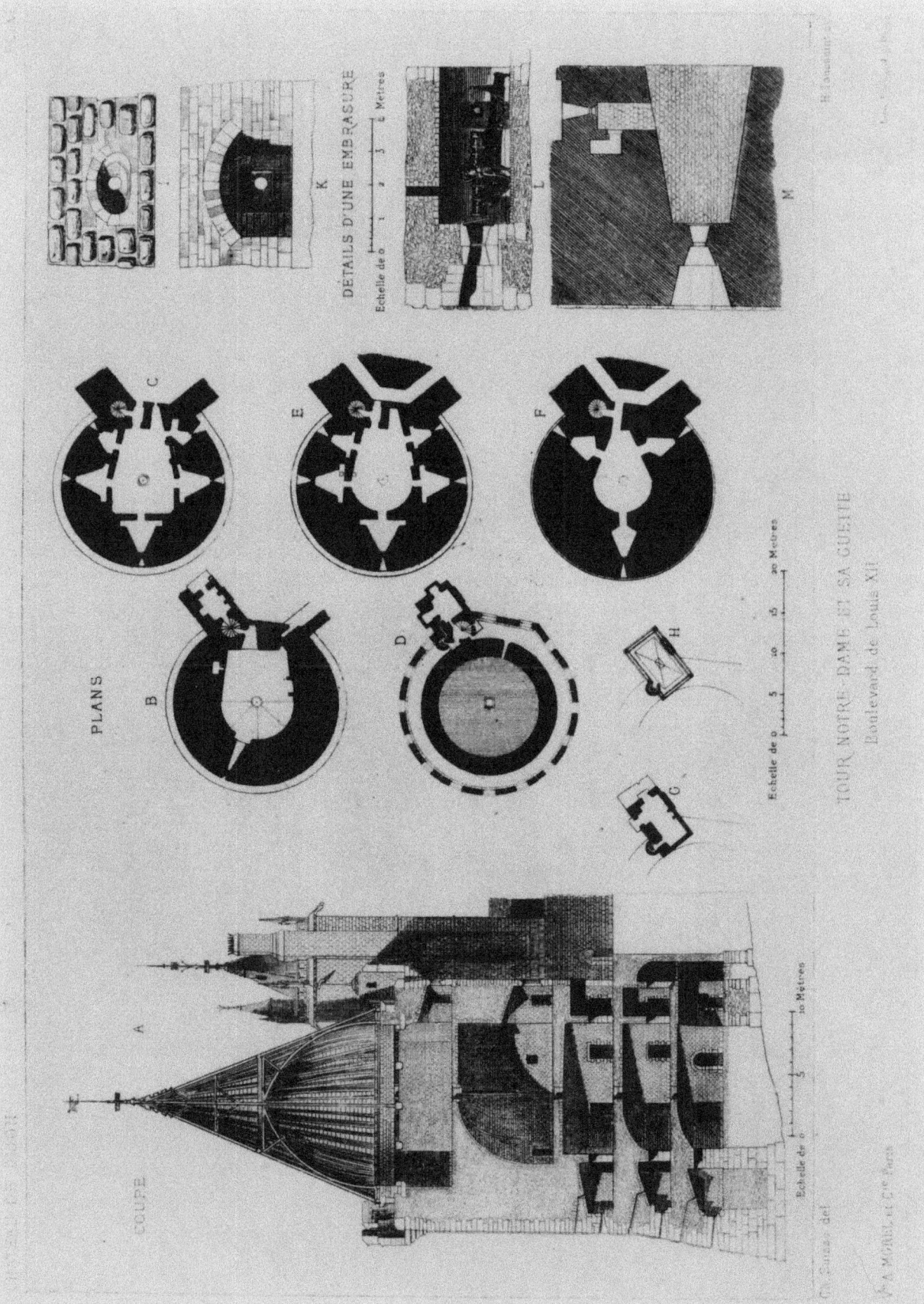

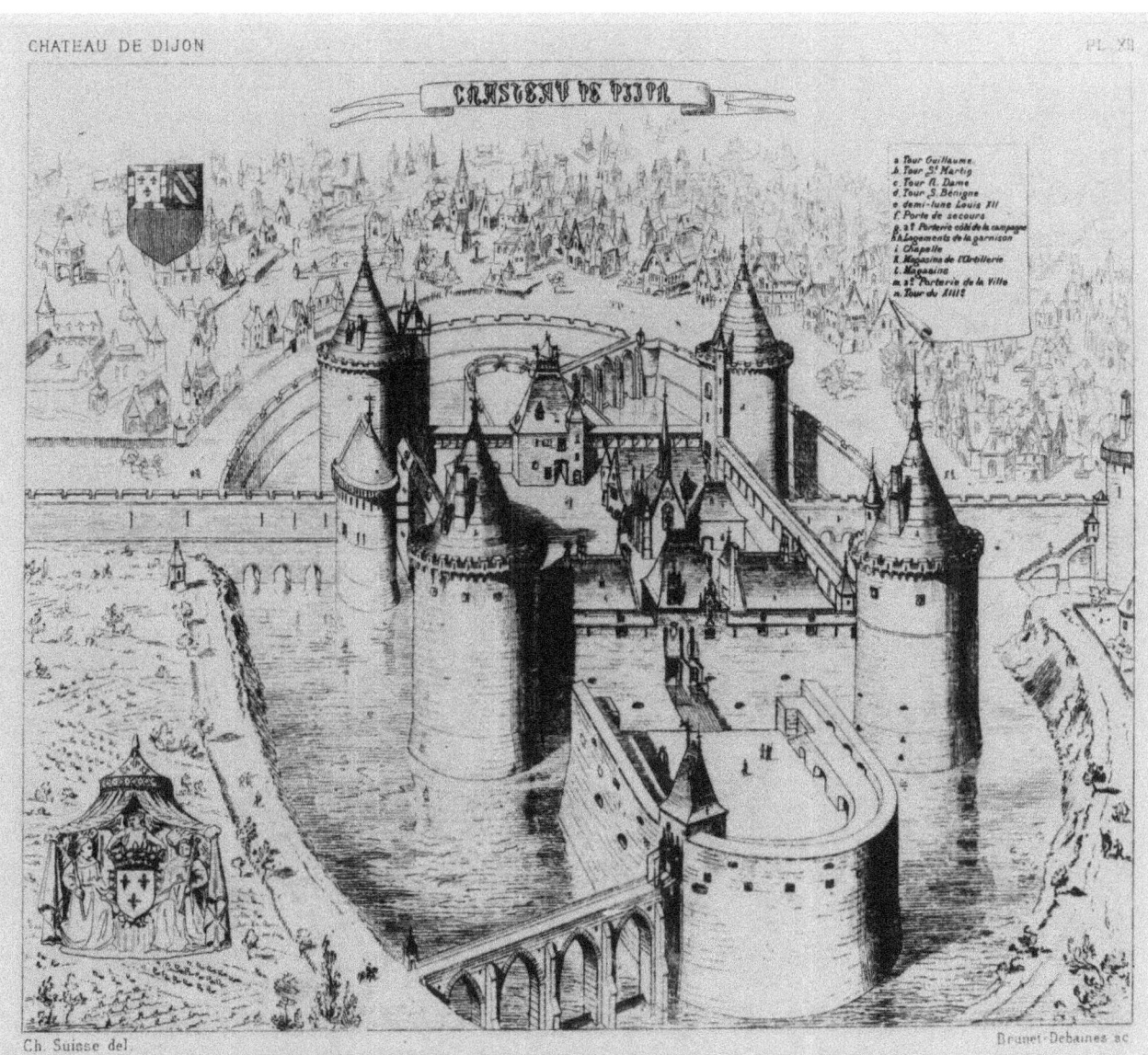

ETAT RESTAURÉ
Côté de la Campagne.

Dépôt légal : 2ème trimestre 2017
Nielrow Éditions

www.ingramcontent.com/pod-product-compliance
Lightning Source LLC
Chambersburg PA
CBHW081355230426
43667CB00017B/2844